# 童謡　禅のこころを歌う

重松 宗育

かつて童謡を歌って私を育ててくれた
百二歳のわが母芳子に捧ぐ

もくじ

挿絵・田中夏実

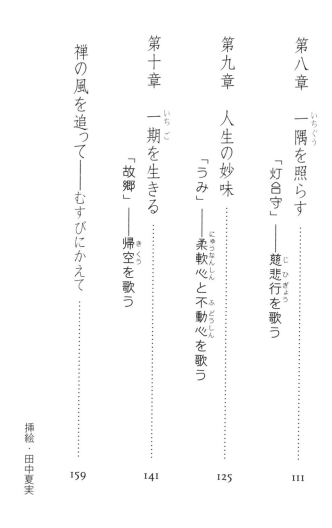

# はじめに

私は、童謡を深く愛好する「山寺の和尚《おしょう》さん」です。お寺の境内《けいだい》でやせこけた狸《たぬき》を見かければ、

負けるな、負けるな
和尚さんに負けるな

と、野口雨情《うじょう》の童謡が口をついて出てくるのが常です。本書は、そんな私が禅僧として、童謡の歌詞に見出した禅のこころを紹介しようと書いたものです。

また、禅から多くのことを学んできた私が、同時代に生き、同じ方向を見つめて生きておられる方々と、思いを分かち合いたくて書いた書であり、さらに、童謡の普及保存活動に励む方々への応援メッセージでもあります。

まず、「童謡」という言葉についてです。本書は童謡の研究書ではないので、

童歌《わらべうた》、童謡、唱歌といった歴史的背景は問わず、もっぱら童謡を「童心の表われた歌」という、広い意味でつかっています。それゆえ、難しい文語調の文部省唱歌も、「赤い鳥」の名曲も、すべては「子ども心・童心」に焦点を当てて取り上げようと思います。

私はここ数年、地元のラジオ放送・エフエムしみずの番組で、毎月童謡を取り上げて禅の話をしています。毎回、私が選んだ一曲を、話し相手のすてきな四十代の女性、山下ともちさんに「この曲は知っている?」とたずねてみます。しかし期待に反して、「初めて」とか「聞いたことはあります」という返事もたびたびで、当然知っているものと思い込んでいる私は、いささか拍子抜けします。また念のため、小学生の孫たちに聞いてみたり、音楽の教科書を手に取ったりするのですが、すでに驚くほど童謡離れが進んでいる実態がわかり、ただため息をついている次第です。

「歌は世につれ、世は歌につれ」といいますが、本当だとつくづく思います。

なによりも童謡に歌われている生活形態がすっかり変わったことや、肝心の歌詞の日本語が古めかしいためにかなりの解説が必要なことなどが原因でしょう。どうやら童謡は、ある年代以上の人々にとっての限られた宝物と化しつつあるのかもしれません。

その一方で、テレビの歌番組で会場の人々が声をそろえて童謡を歌う場面や、私自身が講演でみなさんと一緒に歌ったときのようすを見ていると、童謡に秘められた確かな力を実感します。また養護施設で、お年寄りがいきいきとして楽しそうに童謡を歌っているのを見ていると、童謡が、高齢者のための「音楽療法」として活用されている事実がわかります。

辞書では「童心」を、「こどものような純真な心」(『広辞苑』)と定義しています。「童心」の「純真な心」、「無邪気な心」は、北原白秋も強調していますが、それはそのまま禅のこころにつながり、いわば人生の原点とも言えます。

「かつて子どもだったときのことを覚えている大人は少ない」というのは、『星の王子さま』に出てくる名言ですが、大人となり煩悩《ぼんのう》の波間に漂う私たちも、みんなかつては子どもでした。誰もがこの子ども心、童心をもっていたというのに、そこから遠く離れてしまった私たちは、日頃、純真や無邪気を意識することはまれです。しかしそれが、人間らしく生きてゆくうえで、大切な資質であることには変わりありません。この「幼子の心」は、仏教はもちろん、キリスト教でも大切な徳目であり、時代や環境や年代といった限定を超えた普遍的価値です。ここに、私が禅のこころの宝庫として、長いこと童謡に着目してきた理由があります。

すばらしい歌には、すばらしい歌詞があり、すばらしいメロディーとリズムがあり、それらをすばらしい歌声によって表現する歌い手がいます。いい歌だなあと思わせる作品には、これら三つの大事な要素がそろっています。作詞と、作曲と、歌手の表現力の三者が絶妙に一体化したときに、すぐれた歌が完成するのでしょう。

　童謡も同じことで、これら三要素がそろったすぐれた作品が数多くあります。本書では歌詞のみを対象としますが、たとえ子ども向けの表現であっても、あなどるわけにはゆきません。これまで私は、童謡作品に素直に対面し味読してきましたが、歌詞のあちこちに心ひかれる表現を見つけました。そしてそれらは、禅僧としての私の中で、そのまま禅の生き方や思想につながるのです。


　ただ禅には厳しい修行や、つらい坐禅という近づきがたい印象があるかもしれません。しかし、なんの道とて同じで、スポーツ、学問、芸道などどれをとっても、目標に到達するには、自らに厳しく、苦しさを乗り越え、真剣な精進努力を重ねるものです。スポーツ選手がよく「楽しむ」という言葉を口にしますが、禅も目指すのは、精進の先にある「自由」にほかなりません。

　ほかならぬ童謡が、子どもの言葉を通してこの禅の世界を教えてくれる。そう確信する私は、大学教師として学生諸君に戒めた深読みも、本書では時に目をつぶることにします。

「大夢《だいむ》」とは人生のことです。生まれて死ぬまでの一生涯は、まるで大きな夢のようなものです。ある年齢になって、過去を振り返ってみると、これまでの自分の人生が一つの大きな夢だったと感じられます。それはまるで走馬灯を眺めるように、実体のない幻《まぼろし》のようです。

しかしながら、童謡の言葉を深く味わい、声に出して歌えば、はかない大夢もさわやかな大夢に変わることでしょう。しみじみとその一つ一つの出来事を振り返るとき、人はその思い出をもう一度体験できます。ほのぼのとした思いが湧《わ》いてくれば、人生を二度生きることになります。そしてそこから、残された人生をさわやかに生きる力が湧いてくるはずです。そう信じて、私はこの本を書きました。

全十章の各章末には、そのテーマにつながる私の詩の一篇を、私家版詩集七冊の数百篇から選んで添えました。

もし、本書を手にした方の心の中を、一陣の禅の風が吹き抜けてくれたら、
それ以上にうれしいことはありません。

# 第一章　仮の世を生きる

## 「しゃぼん玉」――空《くう》を歌う

# シャボン玉　野口雨情作詞

しゃぼん玉、とんだ
屋根までとんだ
屋根までとんで
こわれて消えた

しゃぼん玉、消えた
とばずに消えた
生まれてすぐに
こわれて消えた
風、風、吹くな
しゃぼん玉、とばそ

大学の解剖《かいぼう》実習室に初めて足を踏み入れたときのことです。

医大生が初めて解剖実習に出席すると、たいてい何人か気分が悪くなって途中で部屋を出ると聞いていた私は、果たして自分はどうだろうか、大丈夫だろうか、そんな不安を抱えながらも、ともかく実習室に入りました。そして私は、自分の心の動きがどうかを注意深く観察するように努めました。部屋の中には多くの解剖台が置かれ、学生たちがそれぞれの台を取り囲んでいました。台上に横たわる献体は、すでに解剖作業が進んでいて、初めて目の当たりにするその異様な光景に私は圧倒されました。

これはあとになって気がついたことですが、私は、そのとき心の中で、「ああ、そうか」とうなずいていました。野口雨情のあの「しゃぼん玉」の歌を思い出していたのです。

せっけん水をストローの先につけて吹くと、しゃぼん玉ができます。しゃぼん玉の「誕生」の瞬間です。こわれないように注意深く息を吹き込み、適当な大きさになったらストローの先から切り放すと、シャボン玉は宙に浮きます。

子どもたちは、自分のしゃぼん玉を遠くまで飛ばそうと腕を競い合います。しゃぼん玉にとっての晴れ舞台といえば、風に乗ってふわりふわりと飛んでゆくときでしょう。どこまで飛んでゆくだろうか、とみんなが見守ります。自分の飛ばしたしゃぼん玉が屋根の上まで飛んでいったら、「あれ、ぼくのだ」と得意になれます。

しかしながら、このしゃぼん玉も、時間がたつと次第に割れやすくなる。しゃぼん玉もまた「老《おい》」のときを迎えるのです。強い風に吹き飛ばされて、なにかにぶつかって傷つけば、それは「病《やまい》」です。次の瞬間、割れて「消え」る、それが「死」です。しゃぼん玉もまた、誕生から、老い、病み、そして死を迎えて、一生を終えるわけです。この世に生を受けたものは、みな成長して花開き、いずれ老いて、病に倒れ、そして死んでゆきます。いわゆる「生老病死《しょうろうびょうし》」です。これは、生命がもつ宿命であり、誰も逃れられません。生まれる、老いる、病に倒れる、そして死を迎える、どれも思いどおりにはならない。ここに、生を受けたものの悲しみ、苦しみがあります。

ブッダ（お釈迦《しゃか》さま）は、この四つの苦しみを「四苦《しく》」と表現しました。

これは、生命をもたない無生物にも当てはまる現象で、地球や宇宙でさえ寿命があり、いずれ必ず消滅するのだそうです。もちろんしゃぼん玉も同じで、誕生し、「屋根までとんで」、「こわれて」そして「消え」る、という「生老病死」をへて消えてゆくわけです。

こうしてみると、しゃぼん玉の歌は、単にその動きを淡々と描写しているだけでなく、なにか大きな世界が暗示されているように思えます。つまり、なんの変哲もないしゃぼん玉を描きながら、じつは人間の「生老病死」の姿を示唆《しさ》している。しゃぼん玉はまさに人生の象徴だ――そんなふうに感じとれます。

歌詞の一番が、しゃぼん玉の動きによって「生老病死」の流れを示唆し、写実的に描いているのに対し、続く二番はこうです。

しゃぼん玉、消えた
とばずに消えた
生まれてすぐに
こわれて消えた
風、風、吹くな
しゃぼん玉、とばそ

一番の「こわれて消えた」の余韻を引き継いで、「しゃぼん玉、消えた」と繰り返します。しかし、同じ「消えた」でも、今度は、しゃぼん玉が「とばずに消えた」のです。

これはショッキングです。「屋根までとんで／こわれ」るというのは、ごく自然の流れで、しゃぼん玉がその生命《いのち》を全《まっと》うした形です。しかし今度は違います。風に舞う晴れの姿を見てもらうこともなく、「生まれてすぐに／こわれて消えた」のです。これはなんとも悲しくせつない話です。

この「しゃぼん玉」の作詞者は野口雨情ですが、作品の背景についていくつか説があるようです。最大の手がかりは、この歌を作る十数年前に誕生直後の長女を失った、という事実です。その体験が反映されているという見方と、十数年もたってから長女の死を取り上げるのは不自然だという異論もあるようです。それについては深入りを避けます。

それよりも私は、この「しゃぼん玉」の歌にある、「愛別離苦《あいべつりく》」という人間苦の問題に焦点を当てたいのです。「愛する人と別れる悲しみ、苦しみ」という普遍的な、誰にも逃れえない人生の冷酷な試練について考えたいのです。

私たちがよくつかう「四苦八苦《しくはっく》」という言葉の「八苦」は、「生」、「老」、「病」、「死」の「四苦」に、さらに四つ、「怨憎会苦《おんぞうえく》」、「愛別離苦」、「求不得苦《ぐふとっく》」、「五陰盛苦《ごおんじょうく》」を加えたものです。

憎き相手に会う苦しみ、いとおしいものとの別れ、求めても得られないつらさ、心や身体《からだ》が作り出す苦悩。どの苦も仏教の根底をなす人間洞察から説かれたもので、私たちの人生を大きく左右する苦しみです。

なかでも「愛別離苦」は、じつに厳しくつらい体験です。ことにわが子に先立たれる悲しみは、生涯、心の奥底に重石《おもし》となって残るはずです。わずか七日でこの世を去ったわが子への思いが、感受性豊かな詩人の心からすっかり消え去るものかどうか。たぶん雨情は、「生まれてすぐに」「こわれて消えた」わが子のことを、終生、忘れなかったに違いないと私は思います。ああしてやれば、こうしてやれば、なんとか命を助けてやれたかもしれない。そんな後悔の念をもつのが親心だと思うからです。

ですが、仏教でいえば「生者必滅《しょうじゃひつめつ》、会者定離《えしゃじょうり》」です。「生者必滅」、つまり生きとし生けるものは、生まれ落ち、生命の営みを終え、死んでこの世を去ってゆく。「会者定離」、その人生で出会ったものには必ず別れのときが訪れます。この厳然たる事実を凝視する無常観は、仏教文化の根底を流れてきた基本的な感受性です。「諸行無常《しょぎょうむじょう》」といわれる諸相の自覚が仏教徒の出発点です。どんな善人でも、どんな悪人でも例外なく平等に死を迎え、この世から消えてゆきます。

「愛別離苦」には、生き別れと死に別れの二つの場合が考えられます。さらに、愛する人の死に自分が直面する場合と、愛する人を残して自分が世を去る場合とがあります。別離のつらさは同じでも、置かれた立場は大きく違います。お棺に横たわるのが、愛する人なのか自分自身なのかでは、やはり大きな違いがあります。

あるとき、結婚したばかりの若夫婦の夫が亡くなりました。お葬式の日、出棺のお経が終わって、お棺の蓋《ふた》をかぶせようとしたときです。半狂乱になった若い妻は、立ちはだかって蓋を閉めさせず、みんなの制止を振りきって、自分もお棺の中へ入ろうとするのです。誰もがその気持ちが痛いほどわかるだけに、ただもらい泣きをするほかはありませんでした。

あたりまえです。「愛別離」という最大の悲しみに半狂乱となるのが当然です。愛する人が、死を境に自分から遠く遠く離れていってしまうのです。

小林一茶《いっさ》もつらい体験をしました。五十六歳の一茶がさずかった長女〝さと〟

は、文字どおり目に入れても痛くない愛児で、代表作の『おらが春』には、そのかわいがりようが描かれています。

這《は》へ笑へ　二つになるぞ　今朝《けさ》からは

この句は、初めての新年を迎えたときの作品で、一茶の溺愛《できあい》ぶりが目に見えるようです。しかしながら、そのあどけないさとも、一歳を過ぎたばかりでこの世から姿を消してしまいました。

露《つゆ》の世は　露の世ながら　さりながら

この「さりながら」に、一茶の万感の思いが込められています。この世が露のようにはかないことは百も承知だけれど、だけど、だけど……。わが子に対する、これ以上ない深い悲しみです。私たちは伝統的に、この「露の世」への感受性を深めてきました。

金剛般若経《こんごうはんにゃきょう》に、一切の存在は、

如夢幻泡影《にょむげんほうよう》　夢、幻《まぼろし》、泡《あわ》、影《かげ》のごとし

とあります。夢、幻、泡、影のどれもみな、はかないものの代名詞です。そして、しゃぼん玉はまさに「泡」そのものですから、「しゃぼん玉」の歌は、「露の世」という仏教的感受性の伝統を受け継いだものと言えます。

私は僧侶として、「四十九日《しじゅうくにち》」の法事（法要）のお勤めをします。若き日には抵抗感のあった法事ですが、年齢とともに見方が変わりました。

喪《も》に服する「四十九日」の期間は、「中陰《ちゅういん》」と呼ばれます。説話では、死者の霊（魂、霊魂）が落ち着く場所を求めて宙をさまよう期間です。残された者は、霊がしかるべき居場所を見つけるのを願って法要を営みます。七日ごとに墓参りを繰り返し、七回目に当たる四十九日（七七日《しちしちにち》）には、この中陰期間が終了（満中陰《まんちゅういん》）し、「満中陰忌《き》（七七日忌）」と呼ばれる法要を営むわけです。

若かった私には、こんな非科学的な話はなじめませんでした。死者の霊が四十九日間、宙をさまよっている、などという話は、現代人には向かないと感じてきました。そして長く放置してきた懸案に、やっと気がついたのです。

満中陰忌の法要は、亡くなった方への追悼《ついとう》の行事であると同時に、現に生きて悲しみのどん底にある人のためのものだ、と。現代人にとって、「四十九日」の法要の意味は、たぶんここにあるのでしょう。

つまり中陰とは、残された者が悲しみの底から、ふだんの自分に戻ってゆく期間と言えます。宙をさまよい、心ここにあらずの日々から、いくぶんでも地に足がつき、自分自身が日常生活に戻るのには、この四十九日という時間が大きな意味をもちます。ですから私は、どん底の悲しみを克服するためのこうした智慧《ちえ》に、深い人間洞察の眼《まなこ》を感ずるのです。中陰の説話は、人生という一つの物語を、さらに豊かなものにするのに必要な、もう一つの物語なのだと思うのです。

これまで棺《ひつぎ》に横たわるご遺体を前にするたびに私の脳裡を横切る言葉がありました。それは曹洞宗《そうとうしゅう》の宗意を説く『修証義《しゅしょうぎ》』にある「生《しょう》を明らめ死を明らむるは仏家《ぶっけ》一大事の因縁《いんねん》なり」という言葉です。私は、この生死《しょうじ》の大問題に対して仏教徒である自分の未熟さを、つねづね恥ずかしく思ってきました。「生命《いのち》」は、「身体《からだ》」と「心」が一体となって成り立っています。その生命がなんであるかを知るには、やはり身体と心の両面から見る必要があります。仏教ではそのことを「身心一如《しんじんいちにょ》」といいます。

生（誕生）から死までのあいだが私たちの人生です。ですから「生死《しょうじ》」は人生と同意語ですが、かつて道友ゲーリー・スナイダー（アメリカの詩人、第七章参照）が私に、「生死より〝生愛死〟のほうがわかりやすい」と言ったことを思い出します。生まれて、なにかを愛して、そして死んでゆくのが人生なら、生と死のあいだに愛を加えて、「生愛死」と表現したほうが確かに明確です。

生きることは愛すること。この世に生まれ落ちた私たちは、それぞれ、世界にたった一つの自分だけの「物語」を創造し、それを残して去ってゆく。人生を一つの物語と考えれば、「中陰」の説話には、人生という物語を創造するうえで、味わい深いヒントがあります。

冒頭の解剖実習の話に戻ります。

実習前は自分の心がどんな影響を受けるか、いささか不安でしたが、実際にはなぜか不思議なほど冷静でした。まったく非日常の異様な光景の中で、私は目の前の献体を直視できたのです。それまでの不安感はすっかり消え去り、気持ちを実習に集中できたのは、われながら意外でした。

私は、自らを献体として提供なさった人々の、その尊い志に思いをはせました。自分だったら献体するだろうか、と自問自答しました。そして、心の奥底でつぶやく自分の声を聴きました。「そう、〝空《くう》〟だ。〝空〟なんだ」。

一休《いっきゅう》禅師（一休宗純《そうじゅん》、一三九四～一四八一）はこう言います。

骸骨《がいこつ》に　着物をきせて　連れて来て
女房なんどと　云うぞおかしき
（『禅林世語集《ぜんりんせごしゅう》』）

もともと「空」の身体に、きれいな着物をまとい、気取って歩いて見せたところで笑止千万《しょうしせんばん》、と言うわけです。般若心経の「色即是空《しきそくぜくう》」のとおり、目に見える現象の「色《しき》」はそのまま「空」だ、その「空」を見てとれ、と言うメッセージです。私が解剖実習の献体に見たのは、すでに「空」の姿だったのです。

「空」という文字は、ノミで開けた「穴」からできたようです。穴が無限大に広がってゆけば、「空《そら》・大空」となるし、中になにもなければ「空《から》」と読まれ、空っぽだから空《むな》しいという感覚が生まれます。こうしたところから、すべてこの世のものは、因縁《いんねん》によって生じたにすぎず、実体をもたない仮《かり》の姿であるという、仏教の「空《くう》」につながるのでしょう。

しゃぼん玉の薄い膜が破れ、「こわれて消えた」あとには、ただ、澄みきった青空が無限に広がるばかりです。しゃぼん玉はもはや跡形もありません。しゃぼん玉はまさに仮の姿で、現象であり、その薄い膜が破れると、残るのは無限の青空です。「空《くう》」の世界です。

およそ運命は不平等です。「屋根までとんで／こわれて消えた」のは、いわば〝志をはたして〟迎える死です。ところが、「生まれてすぐに／こわれて消えた」という悲しい死もあって、どうにも運命はままなりません。

しかし死は平等です。誰にも平等に死はやってきます。それがいつかという運命の点では不平等ですが、必ずみな死を迎え、「こわれて消え」てしまう点では平等です。それなのに日頃の私たちは、いつか自分も必ず死ぬという現実を忘れがちです。自分の生命《いのち》が「しゃぼん玉」と同じだという事実をつい忘れています。

次は江戸時代の狂歌師、太田南畝《おおたなんぽ》（蜀山人《しょくさんじん》）の狂歌です。

今までは　人のことだと　思うたに
おれが死ぬとは　こいつはたまらん
（同前）

お葬式はいつも他人事《ひとごと》です。死ぬのはいつも他人です。しかし、自分の生命がいつ、どこで、しゃぼん玉のように消え去るのか、それは誰にもわかりません。しかしまちがいなく、自分にも死ぬという大切な仕事が待っていることは確かです。

愛する人を見送る側か、見送られる側か、どちらにしても私たちがよく生きようとするかぎり、「愛別離苦」を乗り越える覚悟と努力とが必要です。そして、その努力をする人には、きっとどこからか「風」が吹いてくるはずです。それまでのあいだ、私たちにできることは、目の前の現実にひたすら誠実に立ち向かってゆくことだけなのでしょう。

一九八五年、私が禅語収集のためアメリカにいたとき見つけた「私のお墓の前に立って泣かないで」という詩があります。これはのちに日本でも、「千の風になって」という歌でよく知られています。ただ、この原詩の心境に至るには順序として、本章で取り上げた、深い悲しみに涙する体験をしっかり踏まえる必要があります。そこで私の作ったのが次の詩です。

## 千の風になる前に

私のお墓の前で泣いてください
声を上げて泣いてください
だって、もはやあなたには
私の姿は見えない
私の声も聞こえない
手を伸ばしたって私まで届かない
遠い世界へ私は来てしまいました

どんなに会いたくても
二度と会えない離れ離れの二人
だから、私を想って
どうか思いっきり

私のお墓の前で泣いてください
深い悲しみに涙するのは人情の証《あかし》
愛別離の涙は愛する心の贈りもの

でも、涙でいっぱいの目には
果てしなく広がる青空は見えません
泣いて、泣いて涙が枯れはてるとき
そのときはもう

私のお墓の前で泣かないでください

# 第二章　私が私であること

## 「あの子はたあれ」――己事究明《こじきゅうめい》を歌う

# あの子はたあれ

細川雄太郎作詞

あの子はたあれ　たれでしょね
なんなんなつめの　花の下
お人形さんと　あそんでる
かわいい美代ちゃんじゃ　ないでしょか

あの子はたあれ　たれでしょね
こんこんこやぶの　細道を
竹馬ごっこで　あそんでる
となりのけんちゃんじゃ　ないでしょか

あの子はたあれ　たれでしょね
とんとん峠の　坂みちを

ひとりで　てくてく　あるいてる
お寺の小僧さんじゃ　ないでしょか

あの子はたあれ　たれでしょね
お窓にうつった　かげぼうし
お外はいつか　日が暮れて
お空に　お月さん　笑い顔

この歌では、あそこで遊んでいる子は「誰」なのか、あれは「かわいい美代ちゃん」に違いない、あれは「となりのけんちゃん」に違いない、と推測し、それを確認することがテーマです。

この歌詞には特別難しい言葉は出てきません。ただ私にとっては気になる言葉が三番の中にあるのです。

ひとりで　てくてく　あるいてる
お寺の小僧さんじゃ　ないでしょか

子どものころ、この歌詞がいやでした。私はお寺の子だったので、この「お寺の小僧さん」というところが、みんなにはやし立てられているような気がしたからです。

この歌では、「誰」を「だれ」ではなく「たれ」という、よりきれいな音の古い読み方をしています。それ以外はごく平易な言葉ばかりですが、人間にとってもっとも難解な「あの子はたあれ」という問いがあります。「あの子は誰《だれ》か」、「あの子は何者か」という大問題です。

現代人にとって、英語の「アイデンティティ」という言葉は、重要なキーワードの一つです。ただ、日本語にぴったりの言葉がなく、翻訳しにくい外来語の代表的な例です。「自己同一性」、「自己の存在証明」、あるいは「自己認識」、「独自性」などという日本語を当てますが、要は「私が私であること」です。

禅の修行は、「己事究明《こじきゅうめい》」が目的です。全力を傾け、「己事」、つまり「私は誰か」、「私は何者か」、「本当の自分とはなにか」という問いを追求します。ずばり言えば、禅修行の目指すところは、まさにこの「アイデンティティ」の確認にあります。そして、これこそ、現代人にとって普遍的な、本質的な、根本的な大問題にほかなりません。

さて、「なんなんなつめの花の下」で「お人形さんとあそんでる」「あの子」と「美代ちゃん」とが同一人物となれば、「あの子」のアイデンティティは証明されたというわけです。しかしながら、本当に「あの子」は「美代ちゃん」かどうか、この同一人物の存在証明は、厳密に言うとなかなかやっかいな問題です。

「あの子はたあれ」と問うとき、人の眼《まなこ》は外に向いています。そもそも目玉は、自分の外側を見るためについていますから、眼が外側に向くのはごく自然です。

そして興味はどんどん広がってゆきます。あの子の隣にいる子はたあれ、その横の木はなに……、と。

この外向きの眼は、自分の周囲の出来事や事物に向けられ、人間社会や自然界に興味が向かいます。さらに社会問題や自然環境問題を直視して、社会のゆがみを正し、自然環境を改善する。これは自然科学や社会科学のテーマとなります。

眼を外側に向け、他人の欠点に注目しているあいだは、自分のことを棚に上げておけます。しかし、いったん自分自身に向けると、目をそむけたくなるような〝あら〟が出てくるはずです。自分をまな板の上に乗せると、どうも都合の悪いことが多くなります。自分のことは棚に上げるにかぎります。しかしながら、よく生きるためには、やはり外へ向く眼と内へ向く眼のバランスが求められます。さらに進めば、「自分に厳しく、人にやさしく」という生き方があります。そして、眼を内側へ向け、関心の対象を、「あの子はたあれ」から「私はたあれ」に移すとき、アイデンティティの探求が始まります。

自分の周囲にいる「あの子」のことより、まず自分自身の生き方を深く見つめる自己省察です。そして、自分自身を見つめ、自らの生き方を充実させるための努力が始まります。逆説的ですが、この章で「あの子はたあれ」を取り上げたのは、まさにこの点にあります。「あの子はたあれ」から「私はたあれ」へと、問いを転換する必要性を強調したかったからです。

人生の意味を考えるうえで、「私は誰か」、「私は何者か」、「本当の自分とは」といった根源的問いは、決定的に重要です。それは哲学や文学の中心テーマであり、まさに宗教の本質に関わるからです。

この意味でじつに興味深いのは、二千数百年にわたる仏教の世界観が、「宇宙空間からの眼《まなこ》」をもつことのできた現代の宇宙飛行士によって裏打ちされていることです。眼を外へ外へと向けた飛行士は、地球からはるかに離れた宇宙空間に到り、そこで貴重な体験をします。ある飛行士は、その後の精神的影響をこう述懐します。

何より大きいのは、人生観というか、人生を生きる態度が変わったことだ。リラックスして人生を生きるようになった。(中略)自分のエネルギーを外に向けるより、内側に向けるようになった。家庭とか家族とか、自分の内的精神状態とか、そういうものを第一義的に考えるようになった。

(立花隆『宇宙からの帰還』中公文庫)

ひたすら眼を自分の外へ向けていた人間が、今度は自分の「内側に向けるようになった」のです。また、価値を自分の外側に求める生活態度を一転して「自分の内的精神状態」を「第一義」に考えるようになったと言います。この価値観の大転換で生き方はがらりと変わります。

ブッダ（お釈迦さま）最後の説法の一つは、有名な「自灯明《じとうみょう》」の教えです。死期の迫るブッダに、弟子たちが問います。師の亡きあと自分たちはなにを頼りに生きたらいいのか、と。この問いへの答えが長阿含経《じょうあごんきょう》の「自灯明」です。

## 自らを灯明（よりどころ）とせよ

真っ暗闇な中で、なにも見えずなんの手がかりもない状態では、誰しも心細く不安でいっぱいになります。そこに灯明の明かりがともると、これほど心強いものはありません（第八章参照）。自分自身を灯明となし、その自分を頼りにして生きるのがよい。

今日では、「自灯明法灯明《ほうとうみょう》」という言葉になってよくつかわれています。「法灯明」とは、「仏法《ぶっぽう》」という真実を頼りにして生きるのがよい、ということです。

ちなみに原始仏典の言語では、「灯明」ではなくて「島（洲《す》）」だったようです。

ブッダは臨終に当たって、弟子のアーナンダ（阿難）にこう告げます。

この世で自らを島とし、自らをたよりとして、他人をたよりとせず、法を島とし、法をよりどころとして、他のものをよりどころとせずにあれ。

（中村元《はじめ》訳『ブッダ最後の旅』岩波文庫）

インドには雨期があります。大河近くで仕事をしている最中に、にわかに濁流が押し寄せたら、さあ大変です。大急ぎで近くの中洲へと避難しなくてはなりません。まわりを濁流が勢いよく流れてゆく。そうなると、濁流の中にぽつんと残った、自分の立っている中洲だけが頼りです。その島まで濁流に覆われたら、まさに「とり付く島がない」ことになります。

この「島」が漢訳の際に「灯明」と訳され、「自灯明」の教えとして残ったようです。どちらもイメージは明快ですが、灯明のほうがより身近かもしれません。

誰もがこの世に一人でやってきて、一人で死んでゆきます。生きているあいだは多くの人々と交わり、お世話になりますが、しょせんはたった一人です。ですからこの教えの主旨は、他人を頼りにするな、他人に甘えるな、ということでしょう。それでは、「自分に頼れ」の「自分」とはいったい誰か。たった一人で生きてゆく「自分」とは誰のことか。

法句経《ほっくきょう》には、こんな言葉があります。

もしひとが自己を愛しいものと知るならば、自己をよく守れ。自己こそ自分の主《あるじ》である。他人がどうして主であろうか。自己をよくととのえたならば得難き主を得る。

（中村元訳『ブッダの真理のことば・感興のことば』岩波文庫）

このように頼るべき自分とは、「よくととのえられた自己」のことであって、自己中心の身勝手な自分ではありません。自らの欲望に振り回されない自分です。真っ暗闇な中にともる灯明のように、頼りになる「本当の自分」であり、真理にかなった自分です。だから「自灯明法灯明」とは、真実を目指して努力する、その自分を信じて生きることです。

こうした主体性を、禅の言葉では「主人公」と呼びます。

中国の瑞巌《ずいがん》和尚（瑞巖師彦《しげん》、生没年不詳）は、日頃、自分で自分に向かって、一人芝居をしていたそうです。自分に向かって、「おい、主人公」と呼びかけ、「はい」と自分で答える。さらに自分に「目を覚ましておれよ」と言って、「はい」と答える。そして、「これからもだまされるなよ」と言い、「はい」と答えた、という話（『無門関《むもんかん》』）です。

自分自身の中に、この「主人公」をしっかり自覚できたらしめたものです。頼りにすべきその自分自身をずっと守り育ててゆけばいいからです。「自己こそ自分の主」とブッダの言う「得難い主」です。この主体性に目覚めるのが仏教徒の目標ですが、あいにくそれがいちばん難しいのでやっかいです。

私たちの人生には「風」が付きものです。追い風と向かい風では正反対の働きをします。第一章の「しゃぼん玉」にも風が出てきました。しゃぼん玉にとって、穏やかな風は心強い味方、強すぎると憎き敵になります。「風、風、吹くな」です。

世には、目ざとく時流や流行を追い風にして活躍する人もいます。しかし、私たちの多くは、その追い風が通り過ぎたころになって気がつくのが関の山です。この追い風に対する逆風や向かい風には、「地震、雷、火事」などの自然災害もあります。実際、人間が生きてゆくうえで障害となる逆風は、身の回りに吹き荒れています。

しかし本当は、いちばんやっかいな敵は自分自身の中にいます。

「八風《はっぷう》吹けども動ぜず」という禅語があります。「八風」は、利（利得）、衰《すい》（損失）、毀《き》（陰口）、誉《よ》（陰でほめること）、称《しょう》（面前でほめること）、譏《き》（面前でそしること）、苦、楽。人間の心を動揺させる八つの原因です。

思いどおりにゆくといい気になって油断する。思いどおりにならないと投げやりになる。ほめられれば自惚《うぬぼ》れる。悪口をいわれると腹を立てる……といった具合に、どの風が吹いても、いとも簡単に私たちは心を動かされてしまいます。

外側から吹く風には、身構えたり用心もできますが、内側から吹く「八風」には、あっけなく足元をさらわれ吹き飛ばされるのが常です。とは言うものの、八風の吹き荒れる中にあっても、アイデンティティを自覚し、しっかり主体性を守る。そうでないと納得できる人生から遠くなるのは確かです。

アイデンティティの確認、つまり本来の自分自身という居場所を自覚することと、それが私たちが生きるうえでの最大の課題です。私が私でいられる居場所なくしては、人生は輝きません。

## ホームポジション

迷ったらここへ戻れ
辛くなったらここへ戻れ
苦しくなったらここへ戻れ
耐え切れなくなったらここへ戻れ
そう、ここだ、ここが自分の居場所だ

# 第三章　すべてを貫く眼《まなこ》

## 「たなばたさま」——平等性《びょうどうしょう》を歌う

# たなばたさま

権藤《ごんどう》はなよ・林柳波《はやしりゅうは》作詞

ささの葉　さらさら
のきばに　ゆれる
お星さま　きらきら
きん　ぎん　砂子

五しきの　たんざく
わたしが　かいた
お星さま　きらきら
空から　見てる

これはなんともすごい歌です。この歌を耳にするたびに、ごく平易な言葉の裏に隠れたその高度な思想性に恐れ入っています。

七月七日は七夕《たなばた》の日です。日本各地で、それぞれの伝承に基づいた七夕の行事が行なわれます。中国の伝説によると、天の川をはさんで離ればなれの牽《けん》牛星《ぎゅうせい》と織女星《しょくじょせい》が、年一回の逢瀬《おうせ》を楽しむ日です。日本の昔話では、女性が七日七日、つまり七日ごとに会おうと言ったのに、男性が七月七日と早合点したために、年に一度、七月七日だけの逢瀬になった、とか。

この日、人々は、庭の縁側に供物《くもつ》をそなえ軒先《のきさき》に笹竹を立てます。夕暮れを過ぎ、あたりが闇につつまれるとともに、夜空には星がきらめきはじめます。天の川はどこだ、織姫《おりひめ》は、彦星《ひこぼし》は、と人々は夜空を見上げながら語り合います。

二番の歌詞は、「五しきのたんざく」、「わたしがかいた」、「お星さまきらきら」、「空から見てる」と、どれも幼い感じの、どうということもない表現です。しかしながら、稚拙《ちせつ》に見えるその朴訥《ぼくとつ》さが、私はなぜかとても好きです。

さて、この歌は一番から二番へという順序が重要なので、まず一番の歌詞から始めましょう。

ささの葉　さらさら
のきばに　ゆれる
お星さま　きらきら
きん　ぎん　砂子

この歌詞もまた、なんの飾り気もないありのままの描写ですが、私は大いにひかれます。まちがいなく、そこに音調の美があるからでしょう。「ささ」「さらさら」というSの澄んだ音と、そのあとの「きらきら」「きん」というKの音が重なっていて、耳に心地よく響きます。そして、軒先で「ささの葉」が風に吹かれて「さらさら」と音をたて、空の「お星さま」が「きらきら」と光っている様が目に見え、美しい音が耳に聞こえるようです。

いま、「わたし」の眼《まなこ》は軒端《のきば》の笹竹に向いています。風が吹いて笹の葉が揺れ、さらさらと音をたてている。七夕はなぜか曇り空のことが多いけれど、幸い、今夜は晴れ上がっている。そして、近くの軒端で揺れる笹の葉の音を楽しんでいた「わたし」の眼は、一転して、遠い彼方の夜空へ向かいます。

近くの軒端から遠くの星空へと、視点が移動します。夜空には無数の星が小さな砂粒のように散らばり、金色や銀色に輝いています。あそこが天の川、あれが牽牛星、あれが織女星と思いをはせます。

こうして無窮《むきゅう》の空に心を開くと、自我は日常の瑣事《さじ》を離れて、無限の世界へと広がり、消えてゆきます。われを忘れて、「きんぎん砂子」に夢中になって見入ると、しつこい我執《がしゅう》が消え、私が消失して「無我」となります。夜空に吸い込まれた「わたし」自身は、そのまま「きんぎん砂子」に変身してしまいました。

そして、二番に移ります。ふとわれに返り、自我意識の戻った「わたし」は、無限の世界から再び近くの笹竹に眼を戻します。目の前の現実をありのままに、しっかり見つめると、個々の違いを見て取る眼が働き出します。

そこには、「五色」の短冊がつるされていて、青、黄、赤、白、黒の「五色」と、色とりどりできれいです。「わたし」が願いごとを書いた短冊も風に揺れています。この歌の主人公である「わたし」は、どんな願いを書いたでしょうか。

神社などには、願い事が書かれた札がたくさん掛けられています。子どもの書いた願いには、ほほえましいものがいっぱいですが、大人となると、もっと現実的、具体的になり、切実なものが多くなります。率直に書かれた願いの中には、本当に切実な、気の毒な事情を秘めた祈りの言葉のほかに、身勝手な金銭欲、物欲、名誉欲と、人間の限りない欲望を反映したものも目立ちます。

さて再度、現実の五色の短冊から夜空に眼を転ずると、空には「お星さま」

がきらきら輝いていて、「いま」「ここ」の、この「わたし」を「空から見てる」ではないか。そう実感します。いや、「お星さま」が「わたし」を見てるのか、それとも「わたし」が「お星さま」を見てるのか。あるいは、「お星さま」になった「わたし」が「お星さま」を見てるのか。

私がいつも、この歌に「すごさ」を感じてきた理由はここにあります。ものの見方、考え方を根底から変える、いわゆる「コペルニクス的転回」です。コペルニクスは、従来の地球を中心とする「天動説」を大転換し、「地動説」という太陽中心の宇宙観を提唱した科学者です。

確かに、地球上に住む私たちが空を見上げると、自分も地球も動かずに、空が動いているように見え、宇宙の中心は地球だと思えます。しかしコペルニクスは、こうした錯覚を否定し、中心となるのは太陽で、地球はその周囲を回っているのだと主張しました。このように、天動説と地動説では、ものの見方が正反対です。しかし、これはけっして形而上《けいじ》の話だけではなく、日常的に私たちが直面する問題でもあります。

私たちは、いつも自分中心にものを考えます。自分に都合が悪くなると、すぐ他人に責任転嫁します。自分の失敗を他人のせいにし、あなたが悪い、家庭が悪い、地域社会が悪い、国家が悪い……といった具合に負のエネルギーを外へ向け、自分のことは棚に上げて正当化する。これが、周囲の目を気にしながら暮らす私たちの常で、なかなか「空から見てる」視線があることを意識しません。

ですから、眼《まなこ》を自分の周辺から空に向けることには、重要な意味があります。私たち人間が意識してもしなくても、まちがいなく「お星さま」は「空から見てる」のです。「空から見てる」星と自分とが溶け合って一つになれば、「空から見てる」のは、この自分だ……。

近くに向いている眼をはるか遠くに向ける。そしてはるか遠くに向いた眼を、また近くに向ける。近くから遠くへ、遠くから近くへ——この視点の移動がなめらかに行なわれると、多くの角度からものをより正確に把握できるはずです。

近づいてよく見れば、物事の違いがはっきり見えます。しかし、逆に遠くから見れば、違いではなく、すべてを貫く平等性が見えてきます。この「空から見てる」眼《まなこ》に映るのは、森羅万象《しんらばんしょう》に備わる「平等性《びょうどうしょう》」です。私はそれを「ゼン・ユニヴァーサリティ（Zen Universality）」と名づけ、説明してきました。「体《たい》」、すなわち万物の本体に備わる平等性を見て取るこころです。

二十世紀の重要な出来事の一つは、人間が宇宙空間からこの地球を見る機会ができたことに違いありません。なにしろ自分が「空から見てる」星に変身できるのです。

かつて私が『星の王子さま、禅を語る』という本を書いたのは、飛行士サン＝テグジュペリの作品に、この「空から見てる」眼を確実に感じたからです。もし宇宙空間に行けば誰でもこんな体験が得られるのなら、禅の専門道場で修行するよりも、宇宙飛行士になったほうがいい、などと考える人が出てくるかもしれません。

サン＝テグジュペリが見た詩的な世界を、宇宙飛行士ドン・アイズリは、こう表現します。

「宇宙からは、マイナーなものは見えず、本質が見える。表面的なちがいはみんなけしとんで同じものに見える。相違は現象で、本質は同一性である」。

（立花隆『宇宙からの帰還』中公文庫）

飛行士は、さらに宇宙の眼に映る「本質」、「同一性」について、こう言います。

「対立、抗争というのは、すべて何らかのちがいを前提としたもので、同じものの間には争いがないはずだ」。

（同前）

これが「ゼン・ユニヴァーサリティ（平等性）」の視点です。

人間はその「違い」を問題にするため、争いが絶えることはありません。これは逃れえない悲しい業《ごう》なのでしょう。みんなが同じような貧しい生活なら、なんとか我慢ができます。「貧しきを憂えず」です。しかし近くにぜいたくに暮らす他者がいれば不満が出てきます。「等しからざるを憂う」です。こうなると許せません。

私たちは、とかく身近な人と比べたがります。自分よりあの人のほうがいい生活をしている、いいものをもっている、楽をしてお金を稼いでいる。ああうらましい、ああ悔しい。それも自分に無関係の人ならそれほど気にならなくても、近くの他人となると許せないものです。こうした嫉妬《しっと》、羨望《せんぼう》、反感などによって、しばしば心は振り回されます。

私たちはこうした致命的な弱点を抱えており、それを正すのが、同一性と平等性を見抜く智慧《ちえ》であり、宇宙空間から見る眼《まなこ》です。違いを争いの原因にする自我を離れれば、違いは見えなくなる。宇宙空間に出て、ささいな個別の違いが目に入らなくなると、全体としての共通点が浮かび上がってくる。同一性と平等性がくっきり見えてくる。そしてそれまで小さなことにこだわっていた自分が、いかにもいじましく、見苦しく、なんとも恥ずかしくなってきます。ドン・アイズリは言います。

「眼下に地球を見ているとね、いま現に、このどこかで人間と人間が領土や、イデオロギーのために血を流し合っているというのが、ほんとに信じられないくらいバカげていると思えてくる。いや、ほんとにバカげている」。（同前）

この地球上で、富や主義をめぐり、小さな違いで争い、いがみ合って暮らしている自分たちの姿が本当に、「声をたてて笑い出したくなるほど」だ、と言うのです。

そうです。戦争と平和のどちらがいいかは子どもでもわかります。宇宙から見れば単純明快。領土やイデオロギーをめぐる自己主張の衝突から、人心も自然も破壊する戦争への道に進むのがいいか、そんな戦争など叡智《えいち》をもって回避すべきか、誰の目にも明らかです。

人類はいま、生命倫理や人権、環境問題や地域紛争など、複雑な難題を抱えています。そうしたものを乗り越え、人々が平和に暮らすためには、平等性を直視する人類の叡智に戻るべき必要がある、と私は思います。

近くの「ささの葉」から、遠い夜空の「きんぎん砂子」へ眼を転ずる。そして、夜空の星座に自我を託した「わたし」は、「お星さま」と一つになる。そして、「宇宙の眼」をもった「わたし」は、この地球上のすべてに平等性を見るのです。

私たちは、しばしば「木を見て森を見ず」の過ちを犯します、それは、目先の木にとらわれるからです。木しか目に入らなくなると、全体である森が見えなくなってしまう。そして部分にとらわれがちな私たちは、何度も失敗を繰り返してしまうのでしょう。

かつてアメリカで生活していたころ、私は次のような標語をよく見かけました。

Think globally, act locally.

これはまさに禅語と言えます。「地球的視野で考え、地域に密着して行動する」といった意味で、環境問題を扱うときにはしばしば登場します。地球上を見渡し、世界中を視野に入れて、現実の地域社会で着実に行動する。

これは言うは易《やす》くでなかなか実践できませんが、日常のあらゆる場面で、真実に生きるために不可欠で本質的な問題であることは確かです。

わしは鷲《わし》

見える　見える
よく見える
この高い木の枝にとまればみんな見える
「あっちから来る人とこっちから来る人は
きっと出くわすぞ」なんて
前もって言うと
そのとおりになるものだから
超能力と騒ぎ立てられる

そんな程度の予言など
俯瞰《ふかん》しているこのわしには
ほんの朝飯前のこと

毎日、えさをとるために
そうしてるだけのことさ

第四章　みんなちがって、みんないい

# 「虫のこえ」――和合《わごう》のこころを歌う

# 虫のこえ　文部省唱歌

あれ松虫が鳴いている
チンチロチンチロ　チンチロリン
あれ鈴虫も鳴き出して
リンリンリンリンリン　リインリン
秋の夜長を鳴きとおす
ああおもしろい　虫のこえ

キリキリキリキリ　こおろぎや
ガチャガチャガチャガチャ　くつわ虫
あとから馬おい　おいついて
チョンチョンチョンチョン　スイッチョン
秋の夜長を鳴きとおす
ああおもしろい　虫のこえ

## 「虫のこえ」――和合のこころを歌う

秋の夜には秋の夜に合った楽しみがあります。人それぞれの過ごし方があると思いますが、酒をこよなく愛した若山牧水《わかやまぼくすい》の場合はこうです。

白玉の　歯にしみとほる　秋の夜の
　酒はしづかに　飲むべかりけり

秋の夜のしじまの中で、しみじみと一人「しづかに」味わう酒は、また格別です。「歯にしみとほる」ばかりでなく、さらに心の奥深くまでしみとおります。もちろん友と酌《く》み交わす酒は格別ですが、一人「しづかに」飲む酒には、それにも劣らぬ楽しみがあります。

私の晩酌の流儀は、日本酒一合をメジャーカップで温め、それを愛用の木製の一飲《ぐいのみ》に注いでチビリチビリ、という独酌です。

さて秋の夜には、静寂と正反対の風流もあります。庭から聞こえてくる「虫のこえ」です。あたりが静かであればあるほど、虫たちの妙なる独唱もにぎやかな合唱も楽しめます。

松虫が、「チンチロチンチロ、チンチロリン」と鳴き始めます。すると、負けじとばかり鈴虫が「リンリンリンリン、リインリン」と鳴き始める。これに「こおろぎ」が加わり、さらに「くつわ虫」も「馬おい」も加わると、もうなんともにぎやかなことです。

キリキリキリキリ　こおろぎや
ガチャガチャガチャガチャ　くつわ虫
あとから馬おい　おいついて
チョンチョンチョンチョン　スイッチョン

こおろぎが「キリキリキリキリ」と鳴けば、くつわ虫が「ガチャガチャガチャガチャ」と加わり、さらに馬おいが「チョンチョンチョンチョン　スイッチョン」と鳴き声を重ねます。秋の夜にはこんな大音楽会を楽しむ風流があります。この歌詞の特徴は、カタカナ表記の擬音語が効果的につかわれているところですが、視覚的にも、聴覚的にも、虫の声の面白さが巧みに表現されています。

ここでの着眼点は、「ああおもしろい」という言葉にあります。前章では、「違い」を材料にして争う人間の業《ごう》にふれましたが、この章のテーマは、その違いを「ああおもしろい」と受け取る感受性です。違うから争うというのではなく、違うからこそ「おもしろい」と、違いを肯定的にとらえる姿勢です。それぞれの虫が、違った独自の鳴き方をする。だからこそ、どれもこれも「おもしろい」のです。個別性や多様性に価値をおく視点です。

このように違いを楽しむ視点が、私の言う「ゼン・インディヴィジュアリティ(Zen Individuality)」です。万物の「相」、つまり様相の視点から見れば、森羅万象は個別であり、多様だということです。

みんな同じ秋の虫という点で「平等」ですが、それぞれの鳴き方は独自で個性的です。松虫はひたすら「チンチロリン」と鳴き、鈴虫はずっと「リインリン」と鳴きます。松虫は「リインリン」とは鳴かないし、鈴虫が「チンチロリン」とは鳴きません。

松虫は松虫、鈴虫は鈴虫。どちらもすばらしい。そして、どちらも独自です。だから「ああおもしろい／虫のこえ」といえるわけです。明らかに、違うものは違う。そして、違っているからこそ「おもしろい」というのです。

金子みすゞの詩、「私と小鳥と鈴と」は、こうした仏教的な視点を、やさしい言葉で見事に表現しています。

私が両手をひろげても、
お空はちっとも飛べないが、
飛べる小鳥は私のように
地面《じべた》を速くは走れない。

私がからだをゆすっても、
きれいな音は出ないけど、
あの鳴る鈴《すず》は私のように
たくさんな唄《うた》は知らないよ。

鈴と、小鳥と、それから私、
みんなちがって、みんないい。

小鳥は空を飛べるけれど、私は飛べない。私は早く地面を走れるけれど、小鳥にはそれができない。鈴はきれいな音を出せるけれど、私にはできない。鈴は歌を知らないけれど、私はいっぱい歌を知っている。小鳥も、鈴も、私も、それぞれに違ったとりえと欠点をもっていて、みんな違う。そして、みんな違っているからこそ、それぞれ「みんないい」といえるのです。

重要なことは、違いの中にある同一性を見抜く智慧《ちえ》と、その同一性の中に明らかな違いを見て取る智慧とが同時に働くことです。「(みんないいけど) みんなちがっている」と、違うものは違うと独自性を尊重し、「(みんなちがっているけど) みんないい」という同一・平等性に着目する。重要なのはここです。

これが仏教のいう「平等即差別《びょうどうそくしゃべつ》」、「差別即平等」の真実です。金子みすゞは、それをずばり平易な言葉で表現する力量を備えた詩人でした。心に深い奥行きをもった、やさしい女性だったのでしょう。

ただし、ここでいう「平等」と「差別《しゃべつ》」には、十分な注意が必要です。「差《しゃ》別《べつ》」は、伝統的につかわれている仏教の基本用語で、たとえば人種「差別《さべつ》」といった無神経な、感情的な意味はありません。そうではなくて、違うものは違うといった差異、つまり個別性、独自性、持ち味を表わす言葉です。

しかし、あれもこれも平等、平等となると、違いは軽視され、無視されます。悪平等は個性を殺します。有能な個性的な人は、とかく組織内でなにかと足を引っ張られがちです。ですから、摩擦を避けるには、長いものに巻かれたり、横並びの一線に合わせたりします。そのほうが安易で居心地がよいからです。とかく出る杭《くい》は打たれます。

「和合《わごう》」は仏教の理想の一つで、聖徳太子は「和をもって貴しとなす」と表現しました。もちろん太子が勧める「和合」は、それぞれに個性を発揮し、違うものは違うとして互いに尊重し合い、尊敬し合う、という意味での「和合」の心です。この和合を大事にする生き方には、相互の個性尊重が大前提ですから、単なる消極的な横並びとはまったく別のことです。

この和合に対して、「ずる和合」という言葉もあります。「こんな面白くもない仕事なんか、みんなでサボろうぜ」、「そうだ」「そうだ」――といった具合に、易《やす》きに流れることです。時に私たちがやってしまうことです。

こうした悪平等もずる和合も、いわゆる差別もまた、人間の弱さから出てくるものです。無用な差別によって特定の人をいじめたり、仲間外れにしたりするのは、偏見や誤解を含む人間の弱点がもとになっていることが多いからです。

仏教の成立以前から、インドの社会はカースト（序列化された社会集団）制度に縛られていました。バラモン（僧侶）は優遇され、最下層のスードラ（奴隷）は卑しめられて、どの階級に属するかは、生まれによって決められていました。仏教は、こうしたインド伝統のカースト制度を認めない宗教です。ブッダは、このカースト制度に対して真正面から反対しました。

その証《あかし》となる言葉はスッタニパータにあります。

生れによって賤《いや》しい人となるのではない。生れによってバラモンとなるのでもない。行為によって賤しい人ともなり、行為によってバラモンともなる。

（中村元訳『ブッダのことば』岩波文庫）

これが本来の「自業自得《じごうじとく》」です。すべてはその人次第、その生きる姿勢にかかっている。いつも損得勘定で生きるか、友情や信頼を第一とするか、どちらの生き方を選ぶかで人生は変わってきます。幸いいまは、自分で生き方を選べる時代ですから、自分の生き方や行動について責任をもつ。そのように主体性を大事に生きるのが人の道だ。それがブッダの基本的な考え方です。

いわゆる差別では、他人と違うことが分け隔《へだ》てのきっかけです。好きだ、嫌いだ、気に入る、気に入らないという感情的な理由で、弱者に対する無視やいじめが行なわれる。これには文化や習慣の違いもからみ、差別意識は人間存在の抱える、まことにやっかいな弱点であり暗部なのでしょう。

こんな禅語があります。

火炉頭《かろとう》に賓主《ひんじゅ》なし

（『禅林句集』）

ある寒い日、暖炉を囲んでみんなが身体を暖めています。寒い、寒いと手をこすりながら、みんなが少しでも火の近くに寄ろうとします。社長も部下も、金持ちも貧乏な人もみんな同じです。そんなときには、主人（主）であれ客（賓）であれ、お互いに譲り合って、平等に暖まるように配慮し合うのが智慧というものです。もしそこに地位や身分や権力をもち出すような人がいたら、まったく興ざめです。みんなの心は凍りついて、身体が暖まるどころではありません。お互いに思いやりながら、譲り合いながら、みんなが等しく暖がとれるように工夫するのが、「平等」の智慧です。

違うものは違う。それだけです。別の禅語はこう表現します。

賓主歴然《ひんじゅれきねん》（同前）

賓は客で主は主人です。両者の立場の違いは明白だ、というのです。お客さんとその家の主人とは、はっきり立場が違います。

たとえば、私が誰かの家を訪問するとしましょう。もし客である私が玄関に入って、いきなり「どうぞお上がりください」などと言ったら、その家の人はびっくりするはずです。

客は客の立場から、「こんにちは」とか「おじゃまします」とか言うのが常識だからです。主人と客とは立場が違う。言うべき言葉が違うのです。このように違うものは違うと、相違、個別性を正しく認識する智慧の働き、それが「ゼン・インディヴィジュアリティ（個別性・多様性）」です。

私たちは、四苦八苦の波間に漂いながら、日々を送っています。つらい苦しいことは少なくありません。しかし、胸がときめき、心躍ることもまたあります。すばらしい人との出会い、忘れがたい本、深く心に残る体験……それらは「みんなちがって、みんないい」宝物です。

人生は出会いの連続ですから、一つ一つの出会いを大切にしなければ、人生は意味を失います。

# 愛着

どうにも捨てがたいものがある
唐かえでの落ち葉
この薄紅色
幼児の手の形
人知を超えたもの

どうにも捨てがたいものがある
この貝殻の模様
この色彩
絶妙な線
奇跡

# 第五章　つながりと思いやり

## 「手のひらを太陽に」——不殺生《ふせっしょう》を歌う

# 手のひらを太陽に　やなせたかし作詞

ぼくらはみんな　生きている
生きているから　歌うんだ
ぼくらはみんな　生きている
生きているから　かなしいんだ
手のひらを太陽に　すかしてみれば
まっかに流れる　ぼくの血潮
ミミズだって　オケラだって
アメンボだって
みんな　みんな生きているんだ
ともだちなんだ

ぼくらはみんな　生きている

生きているから　笑うんだ
ぼくらはみんな　生きている
生きているから　うれしいんだ
手のひらを太陽に　すかしてみれば
まっかに流れる　ぼくの血潮
トンボだって　カエルだって
ミツバチだって
みんな　みんな生きているんだ
ともだちなんだ

ぼくらはみんな　生きている
生きているから　おどるんだ
ぼくらはみんな　生きている
生きているから　愛するんだ

手のひらを太陽に　すかしてみれば
まっかに流れる　ぼくの血潮
スズメだって　イナゴだって
カゲロウだって
みんな　みんな生きているんだ
ともだちなんだ

幼いころ、本堂に掛かっている「涅槃図《ねはんず》」を見るたびに、なにか奇妙な気持ちになりました。涅槃図は、ブッダの臨終のようすを描いた絵ですが、沙羅双《さらそう》樹《じゅ》の木の下に、ブッダが枕を北に、右脇を下にして寝台の上に横たわっており、その周囲にいろんなものが描かれています。

雲の上からは天人天女が、また、台のまわりでは老若男女が、それぞれの表情で泣き悲しんでいます。ある者は天を仰いで号泣し、ある者はじっと悲しみ

## 「手のひらを太陽に」――不殺生を歌う

に耐えている。表情はさまざまですが、誰もかれもブッダの死を嘆いていいます。いや、それればかりか、ライオン、トラ、ゾウ、牛、サル、鳥、そしてよく見ると、ヘビやカエルまでいて、みんな泣いているのです。

私が子ども心に奇妙な感じを抱いたのは、悲しんでいるのが人間だけではなかったからでした。天人天女やいろんな動物たちも一緒になって悲しんでいる。さらに、隅のほうにはなんとムカデまでいるのです。こんな虫たちまでが、なぜ人間であるブッダの死を悼《いた》むのだろう。そんな疑問を私はもちました。そしてのちに、この涅槃図には、「衆生《しゅじょう》」という仏教の根本思想が、重要なメッセージとして託されていることに気がつきました。

「衆生」は、生きとし生けるもの全体を、一つの大いなる生命《いのち》ととらえる仏教の生命観にほかなりません。ブッダは、インド古来のカースト制度を否定して、人間の平等を説くとともに、生きとし生けるもの全体が共有する大いなる生命を尊重しました。仏教徒が守るべき五つの戒律、「五戒《ごかい》（不《ふ》殺生《せっしょう》、不《ふ》偸盗《ちゅうとう》、不邪淫《ふじゃいん》、不妄語《ふもうご》、不飲酒《ふおんじゅ》）」の第一に「不殺生戒（殺生をしない）」があるとおりです。

こうした幼時体験があったせいで、いつごろからか私は、小さな生き物を気づかずに殺してしまうと、「ごめんね」と口にするようになりました。

実際問題として、私たちは無意識に、また意識的に、ほかの生き物の生命を奪うことによって生きています。ふつうに生活しているだけで、ほかの生き物を殺さざるをえません。食物として動物や植物の生命を奪っているだけでなく、たとえ殺す意図がなくても、道を歩くだけで、アリや小さな虫を踏みつぶし、何度も「ごめんね」と口に出すことになります。それを誰かが聞いたら、「あいつは頭がおかしい」と思うことでしょう。

ある日、お寺の参道で、アリを踏みつぶしたことに気がつきました。そのときのことを書きとめたのが次の「アリンコ」という詩です。

おまえはどこに行こうとしていたのか
舗装した参道の上を歩く
おまえを踏みつぶしてしまった
長い列がとぎれたので
おまえは先を行く仲間たちに
追いつこうと急いでいたんだな
小さいアリンコ一匹
宇宙の生命《いのち》
私は、おまえを踏みつぶしてしまった
アリンコよ、ごめんね

下駄《げた》で踏みつぶしてしまった小さな生命に対する私の鎮魂のつぶやきです。

とはいえ、アリを踏まずに道を歩くのは大変です。ずっと足元に注意しつつ歩くのでは、時間がかかって先に進めません。それに、踏みつぶしていても、まず気がつかないでしょう。

庭の土を掘り返せば、地中の生き物を傷つけます。農作業をすれば、たびたびミミズを真っ二つにします。ほかの小さな生命も、知らぬ間に奪っているはずですから、地中にマイホームをもつ生き物には、土を掘り返す人間はまさに天敵です。


インドのジャイナ教は、徹底したアヒンサー（不殺生《ふせっしょう》、非暴力）を説きます。動植物だけでなく、空気や水にも霊魂の存在を認め、アヒンサーを強調して、肉食は避け、菜食主義を守るのです。ですから、ジャイナ教徒は、殺生を避けられない農業ではなく、殺生には無縁の商業に多くが従事しているそうです。

ただし、それではなぜ動物の肉はだめで植物ならいいのか、という疑問が残ります。これは生命にまつわる本質的な大問題です。動物も植物も大いなる生命に属し、その証《あかし》として成長を続けます。草花も多くは花開き、枯れる前には種子を残すなどして子孫に生命を託そうとします。

人間がその生き方を深く考えると、どうしても自分が大自然の一員であるという自覚から出発せざるをえません。エコロジー（生態学）の視点です。食物連鎖の頂点に立ち、ほかの生き物の生命を奪って自らの生命を維持しているのが人間だ、という厳然たる事実です。しかし逆に、食物連鎖の中にある以上は、当然、人間にも一定のもち分があるはずで、分相応に慎ましく生活している限り、それなりに許容される範囲があるはずです。

若いころ、私は境内《けいだい》の雑草を引き抜く作務《さむ》（日常の労働）に疑問を感じました。白隠《はくいん》禅師（白隠慧鶴《えかく》、一六八五～一七六八）の『坐禅和讃』に「衆生本来仏なり《しゅじょうほんらいほとけ》」とあるように、生きとし生けるものに「仏性《ぶっしょう》」がそなわるのなら、なぜ雑草と呼んで差別扱いし引き抜くのか、という疑問です。境内の草むしりも殺生《せっしょう》ではないか、と。しかしのちに、私はこう考えることにしました。

寺の境内は、清浄《しょうじょう》なる境地を表現する場である。しかし境内の雑草は、抜いても抜いても生えてくる。同じように人間には、払っても払っても煩悩《ぼんのう》が押し寄せる。そう、境内はこころの象徴で、雑草は煩悩の象徴である。ちょっと油断すると、もう境内は草ぼうぼう、心中は煩悩でいっぱいになる。雑草を抜き取るのは煩悩を振り払うことなのだ。そう考えて私は、雑草を引き抜くことにしたのです。

「お寺の境内は、人間たちが心を清浄に保つ修行をする場だから、お前たちは遠慮して、ここは人間たちに明け渡してくれないか。人間は、お前たち雑草のように無心には生きられないんだ。いつも心の中にうずまく煩悩の掃除をしなくちゃならない情けない生き物なんだ。だからどうか許しておくれ」。

こう一人合点してから、私もまた自然界の一員として、自分用のささやかな領分を認めてもらうことにしました。

私がたびたび「ごめんね」と口に出すのには、殺してしまった植物や小動物に対する詫《わ》びの気持ちだけではありません。もう一つの理由があります。「五戒」の第一「不殺生戒」の意味をかみしめるためです。

わが道友ゲーリー・スナイダーの見方はさすがです。「生きとし生けるものは生命を支え合い、捧《ささ》げ合って生きている」という見方もできる、と表現します。食物連鎖という弱肉強食の現実を強から弱へだけでなく、逆に弱から強へ「捧げる」という視点を説いています。もちろん生き物たちが、わざわざ自分を食べてくれと行動するわけはないにしても、結果的に、また最終的に、自分の身を投げ出して他の生命を支えている崇高な事実にまちがいはありません。

仏教の基本的な存在論は、「これあれば、かれあり」です。万物の「相依相《そういそう》関《かん》」のありようを、「因《いん》」「縁《えん》」「果《か》」のつながりとして見てゆきます。この「相依相関」のたとえとして、華《け》厳経《ごんきょう》では有名な「因陀羅網《いんだらもう》」という巨大な網《あみ》の説話が説かれています。

因陀羅（インドラともいう）はインド古代神話の神ですが、仏教では「帝釈《たいしゃく》天《てん》」と呼ばれます。帝釈天の宮殿は巨大な網目状に飾られており、その無数の結び目の位置には宝珠がついていて、その一つ一つが互いに映じ合う、というのです。このように、宇宙のすべての存在は互いに関連し合って存在している、と説いています。森羅万象、万物の相依相関のありようです。

エコロジーは、生物界の生態を科学的にとらえる学問です。昭和四十年代半ば、まだ学生時代にこの学問を知って、ずっと私は関心をもち続けてきました。

また、現代文明の象徴である「インターネット」も、まさにこの仏教の存在論に通じています。「ｗｗｗ」は、「world wide web」の略ですから、これは世界中を蜘蛛《くも》の巣状に結ぶ巨大な情報網（web）という意味で、インターネットはまさに「現代の因陀羅網」にほかならず、切り離された個々の存在は「つながり」によって新しい価値を生み出すわけです。

このように、自然環境問題をはじめ、現代の諸問題に共通するのは、「部分」を切り離された個別としてではなく、それぞれを「全体」との関連でとらえる視点の必要性でしょう。すべてを「つながり」や「関係性」から見るのです。

禅寺のしつけを受けて育った私は、幼少の時から自然に、この「つながり」という視点を学び続けてきたことになります。毎朝、食事の始まる前には「五*観文《ごかんもん》（五観の偈《げ》）」を唱え、生飯《さば》をとるのが習慣だったからです。ご飯を少し取ってお膳の端に置き、あとで鳥などの生き物に分け与え供養するのです。ともにこの世に生きる生命あるものへの敬意です。

その五か条には、まず第一に「功の多少を計り、彼《か》の来処《らいしょ》を量《はか》る」という言葉がありますが、とくにこの「彼の来処を量る」は重要です。目の前にある食べ物が、どこからどのようにしてここへきたか、について思いをはせるエコロジーの思索です。

食卓に並んでいる食物がここまで届くのに、どれほど多くのどのような人々の手をへてきたか、そのことに思いをはせる想像力です。こうして一本の細い糸のような「つながり」をたどってゆく「思いやり」こそ、人間性を豊かにする重要な鍵と言えるでしょう。

わが承元寺は農村地帯にあるので、私は小さいころから農家の苦労をよく知っています。かつては集落の多くがミカン農家でしたが、昭和四十年代半ば、私が学生時代を終えるころにはミカンの出荷価格が暴落し、残念ながらほとんどの農家が生計の成り立たないミカン栽培に見切りをつけました。承元寺も住職のミカン栽培によって維持されてきた田舎寺でしたが、この暴落が辛うじて私が大学を終えるころだったので、ミカンのお陰で私は大学で学ぶことができ、のちに学問の道に進めたという次第です。

とにかく農家の人々はみんなよく働きました。朝早くから日の暮れるまで働き、夕闇の中を家路につく人々の姿は忘れられません。私自身にとっても、ミカン畑での労働は生活の一部になっていて、子どものころから現在までずっと続いています。そのハイライトとなる十二月の収穫期、ミカンの木の枝から切り取った実を注意深くカゴに入れるとき、私は決まってこうつぶやきます。

このミカン　どこのどなたに　届くとも

## 一つ一つに　思いを込めて

「五観の偈」と農家の生活体験が身にしみている私には、「彼《か》の来処を量る」という習慣を切り捨てることはとうていできません。とくに食べ物についてはそうです。リンゴであれ、ミカンであれ、どこかの誰かが苦労して作ったものだろうな、とすぐに思いをはせるのです。どれもこれも、多くの人々の労をへて、そして食卓にのるわけです。

食材のたどる一本の細い道筋に思いをはせ、それを感謝しながら口に運ぶ、そして自分がいただく食材はなんなのかを自覚する――それが、本来エコロジストたる仏教徒の食事の心得だと思います。

芍薬《しゃくやく》

丹精のかいあって
やっと見事な花が咲いた
肥料もやったし
葉についた虫も
雑草も取り除いてやった
だけどもっと丹精したのは
大地　太陽　雨
君たちだ
ありがとう

＊ 五観文《ごかんもん》　一つには、功《こう》の多少を計り、彼《か》の来処《らいしょ》を量る。二つには、己《おのれ》が徳行《とくぎょう》の全闕《ぜんけつ》を忖《はか》って供《く》に応ず。三つには、心《しん》を防ぎ、過貪等《とがとんとう》を離るるを宗《しゅう》とす。四つには、正《まさ》に良薬を事《こと》とするは形枯《ぎょうこ》を療《りょう》ぜんが為《ため》なり。五つには、道業《どうぎょう》を成《じょう》ぜんが為に、将《まさ》にこの食《じき》を受くべし。

# 第六章　ありのままの世界

## 「からたちの花」——大円鏡智《だいえんきょうち》を歌う

# からたちの花

北原白秋作詞

からたちの花が咲いたよ
白い白い花が咲いたよ

からたちのとげはいたいよ
青い青い針のとげだよ

からたちは畑《はた》の垣根《かきね》よ
いつもいつもとほる道だよ

からたちの秋はみのるよ
まろいまろい金のたまだよ

からたちのそばで泣いたよ
みんなみんなやさしかったよ

からたちの花が咲いたよ
白い白い花がさいたよ

これもまた、とてつもなく深淵《しんえん》な歌です。からたちに白い花が咲いた――ただそれだけのことですが、きわめて本質的な問題を含むからです。よく考えてみると、からたちにからたちの白い花が咲くこと自体が、まさに思議《しぎ》できない、不思議な「奇跡」です。

北原白秋自身が、この感動を別の形で表現しています。

薔薇《ばら》の木に薔薇の花さく

なにごとの不思議なけれど

もし薔薇の木にチューリップの花が咲いたら、大騒ぎになるだろうが、薔薇の木に薔薇の花が咲いたからといって、なにも不思議ではない。あたりまえのことで、別に驚くことではない。しかし……。こんな間接表現ながら、大自然の摂理《せつり》の不可思議に対する深い畏敬《いけい》の念が歌われています。

ただ実際問題として、目の前のものをそのまま、ありのままに素直に理解することは、なんでもないかのように見えてなかなか難しいことも確かです。

からたちのとげはいたいよ
青い青い針のとげだよ

からたちの秋はみのるよ
まろいまろい金のたまだよ

からたちのとげは鋭いので、うっかり油断するとブスリと刺さります。その針のようなとげは「青い（緑）」色ですが、その色も「青い」と認識されなければ、「青い」色には見えません。

秋になると、からたちの実は色づきます。その実は本当にまんまるの玉で、金色です。そしてなにより重要なのは、そのまるい実を「まろい」と、金色を「金色」と認識する感覚です。それがなければ、「まろい」も「金色」も目には映りません。

仏教語「四智《しち》」は、本来、私たちにそなわる四つの智慧《ちえ》のことで、次のとおりです。

大円鏡智《だいえんきょうち》　ありのままに映し出す智慧
平等性智《びょうどうしょうち》　すべてが差別なく平等であるとする智慧
妙観察智《みょうかんさっち》　正しく見て行なう智慧

## 成所作智《じょうしょさち》　さまざまな方法で仏道へ導く働き

その第一は「大円鏡智」です。ここに大きな円《まる》い鏡があるとします。「大円鏡」です。鏡ですから自我はもたず、「無我」です。それゆえ、なんでもありのままに映します。そこには、からたちの「青い針のとげ」も、「まろい」「金のたま」も、そのままにありのままに映ります。これが「大円鏡」にそなわる重要な働きで、「大円鏡智」と呼ばれます。

しかし私たちは、自我というなんとも扱いにくいものを抱えており、「大円鏡」のように「ありのままに見る」といった、あたりまえのことがなかなかできません。そんな自我に従って、私たちは日々の生活を送っているのです。

この自我の意識（自意識）のやっかいなところは、きわめて根強い自己中心性をもっていることです。私たちの目は、ありのままにではなく、いつも自分の都合のいいように事実をねじ曲げた見方をしがちです。身勝手な、自己中心の色眼鏡で対象を見るのです。

次は、中国禅の古典、『信心銘《しんじんめい》』にある有名な言葉です。

但《た》だ憎愛《ぞうあい》なければ洞然《とうねん》として明白なり

私はこの言葉を納得するまでに、ずいぶん年月を必要としました。憎愛、つまり好きや憎しみの感情をもたず、えり好みしなければすべては明々白々だ、というのです。好悪の感情を出さない――それがすばらしいことなのか。それならなんにも考えないのがいいことなのか。若き日の私には、どうしても引っかかるものが残りました。

そもそも、私が取り組んできた文学研究では、きわめて人間臭い俗人の煩悩の世界を扱うことが多く、好きだの嫌いだのが付きものです。その愛憎から展開する人間関係の面白さ、嫉妬《しっと》や独断や誤解から生まれるドラマが研究対象です。もしこうした迷いの世界がなかったら文学などおよそ味気ないものになってしまいます。

それに人生は、さまざまな迷いや葛藤《かっとう》の宝庫だからこそ面白いのではないか、そんな疑問です。そして、俗界を離れた超俗の高みへの関心をもちながらも、引っかかるものがいつまでも残っていたのです。しかし時をへて、私にも少しずつ「ただ憎愛なければ」という言葉が、なるほどと思えるようになりました。「大円鏡智」の深みが見えてきたのです。

童謡の歌詞には、事物や情景を「ありのまま」に描写したすばらしい表現がたくさんあります。それは童謡が、童心の無垢《むく》な眼《まなこ》に映る世界を扱うことに関わるのかもしれません。「憎愛」のない、自我の色眼鏡を捨てた「無我」の世界です。「大円鏡」に映った「ありのまま」の情景です。これは禅の基本的な特質で、中国宋代の蘇東坡《そとうば》の詩と言われる「柳緑花紅《りゅうりょくかこう》（柳は緑、花は紅《くれない》）」などはその典型的な例です。

一休禅師『道歌』には次のようにあります。

見るごとに　みなそのままの　姿かな
柳はみどり　花はくれない

春先、柳の枝を新緑がおおっています。目にしみいるような柳の緑色を見て、それを「緑」と見る。庭先に咲いているチューリップの花びらの紅を見て、それを「紅」と見る。このように、「ありのまま」「そのまま」に見るこころの大切さ、禅はそれを強調します。

一休禅師にはこんな逸話もあります。

あるとき一休禅師は、池の岸辺の松が水上に横たわるように生えているのをみて、弟子たちに言いました。
「誰か、この松をまっすぐに見た者はおらぬか」
弟子たちは入れかわり立ちかわり、ああだこうだと見てみましたが、どうみてもまっすぐには見えません。
その時、弟子の蜷川新右衛門がやってきて、「私はまっすぐに見ましたぞ。どこからどう見ても横ばいに生えた松ですわい」と答えたところ、一休禅師は、手を打って喜び、「お前さんだ。本当にこの松をまっすぐに見たのは」とほうびを与えました。

（『一休諸国物語図絵』から意訳）

こんな話ですが、みんな一休禅師の言葉にはなにか裏があるだろうと考えたり、気のきいたことを言おうとしたのでしょう。「まっすぐ」という言葉にこだわり、身構えて、あれこれ考えました。しかし、一休禅師がここで問題にしていたのは、心のありようだったのです。心がまっすぐかどうか、それを問題にしていたのです。まっすぐならば、曲がりくねったものは曲がりくねって見えるはずです。それこそ、ありのままのまっすぐな心です。禅僧は大変な努力を重ねて身心の修行をします。その到達すべきところは、この「ありのまま」

の世界です。

次の詩は、修行で到達した境地をものがたる常套句としてよくつかわれます。禅門では先の蘇東坡の詩とされて知られています。

到り得て帰り来たれば別事《べつじ》無し
廬山《ろざん》は烟雨《えんう》　浙江《せっこう》は潮《うしお》

念願かなって、名勝の地、廬山と浙江に行ってきたが、別にどうということもない。聞いていたとおり、廬山は烟雨に煙っていたし、浙江では潮が逆巻いていただけだ、というのです。

話に聞いていたことと、実際に自分の目で見た体験とでは、雲泥の差、別次元のことで、そこが肝心です。言葉としては同じ「廬山は烟雨、浙江は潮」でも、見る前と見たあとは別の次元です。「到り得て」は、悟ってからという意味ですが、悟った眼《まなこ》にもやはり「廬山は烟雨、浙江は潮」です。そこを「別事無し」と表現するのです。どうということもない、特別なことはなにもない、と。白秋の「なにごとの不思議なけれど」と同じ意味です。

夏目漱石は、胃潰瘍《いかいよう》をわずらい、修善寺温泉で吐血したものの一命を取り留める体験をしています。そして、そのときの思いを次の句に残しています。

生きて仰ぐ　空の高さよ　赤蜻蛉《あかとんぼ》

この「生きて」は、生き返ってというニュアンスかと思います。もちろん漱石は、これまでも大空を見上げ、何度もその広大さに感銘を受けていたことでしょう。それは見慣れた秋の青空です。

いま、人事不省からよみがえり生き返って改めて青空を見たものの、別に変ったこともない。「別事無し」です。相変わらず澄みきった青空が広がっているだけです。しかし、それを見る漱石自身のほうは大きく違っているのです。いわば一度仮の「死」をへた漱石には、同じ景色が同じままでまったく別のものに映ったのです。

禅では「大死一番《だいしいちばん》、絶後再び蘇る《よみがえる》」といいますが、自我を滅却《めっきゃく》し「大死」を経験したあとに「再蘇《さいそ》」して得る「無我」の眼《まなこ》には、不思議なことに、同じものが同じままで別のものに映るのです。こうした目から鱗《うろこ》が落ちるような深い体験をすると、「ありのまま」の世界がまさにそのままで、しかもがらりと「不思議の国」に変わるのでしょう。白秋が「なにごとの不思議なけれど」と言い、蘇軾が「別事無し」と表現しているのはここのところです。

赤トンボの飛び交う、その澄みきった青空は高く、高く、限りなく続いてゆく。このとき漱石の自我は「大死」して、自らが無限の青空と一体となり、そしてその無我の眼には、本物の「空の高さ」が見えたに違いありません。

いつものように

朝、眠りから目覚める
意識を鼻へと集中すると
確かに息をしているのがわかる
ああ、生きている！

恐る恐る、まぶたを開けてみると
天井が見える
そっと手をにぎると　手が動く
足の指を動かしてみると　足も動いた

ああよかった
今日もまたいつものように奇跡が始まる

# 第七章　自由自在のこころ

## 「とんぼのめがね」――三昧《さんまい》を歌う

# とんぼのめがね

額賀《ぬかが》誠志《せいし》作詞

とんぼのめがねは　みずいろめがね
青いおそらをとんだから
とんだから

とんぼのめがねは　ぴかぴかめがね
おてんとさまをみてたから
みてたから

とんぼのめがねは　あかいろめがね
ゆうやけぐもをとんだから
とんだから

真っ青に澄みきった秋空を、トンボの群れが飛んでいます。そのうちの一匹が、草の葉先に止まりました。そのトンボは「青いおそらをとんだから」でしょうか、目玉には空の「みずいろ」がしみ込んで、「みずいろ」に変わり、まるで「みずいろめがね」を掛けているように見える。これが歌詞の一番です。

無限大の青空と小さなトンボの目玉。大と小のコントラスト。大空が小さなトンボの目に凝縮し、その小さな目玉は無限大の空を反映しています。大空とトンボの目とが互いを映し合い、一体となって、ここに「みずいろ」の一大世界が展開しています。トンボはなんのはからいもなく、大自然の中に身をおいています。

『禅林句集』には、そのことを美しく表現した句があります。

水を掬《きく》すれば　月手《つき》に在《あ》り
花を弄《ろう》すれば　香衣《かえ》に満つ

月の映った水を両手ですくうと、月は両手の中にあり、花をつんでもてあそぶと、着物がその花の香りでいっぱいになる、というのです。水と一体になり、花と一体になった境地です。

冒頭の歌詞の二番では、トンボの目玉に「おてんとさま」が映ります。その光が「ぴかぴか」反射して、トンボの目玉は「おてんとさま」と一体の「ぴかぴかめがね」に変わりました。

三番でさらに目玉は変化します。今度は「ゆうやけぐも」です。

とんぼのめがねは　あかいろめがね
ゆうやけぐもをとんだから
とんだから

トンボが、真っ赤に染まった「ゆうやけぐも」を背にして飛んでいたから、その目玉は「ゆうやけぐも」の色に染まって、「あかいろめがね」に変わりました。

夕方の西空一面、真っ赤に染まった夕焼けを眺めていると、まるで自分の身体も真っ赤に染まってしまいそうな、幻想的な感覚に襲われます。その異様な、不思議な、そしてじつに荘厳な光景の中にいると、古人が「きっと極楽世界はこんなだろう」と、西方極楽浄土《さいほうごくらくじょうど》に思いをはせたであろうことが理解されます。

そして無心に夕日と向かい合っていると、いいも悪いも、好きもきらいも、みんなどこかへ飛んでいって、よけいなものの入り込む余地はありません。

そこには、雄大な大自然の営みと一体になった無垢《むく》な心があります。仏法の真実をそのまま素直に受け入れ、宇宙の摂理《せつり》（道理、法則）に自らをゆだねる柔軟な心です。これは自らが摂理となった主体性と言えます。

「とんぼのめがね」の示すところは、まさにこの柔軟な主体性です。トンボの目玉は、「青いおそら」を飛んで「みずいろめがね」に変わる。「おてんとさま」を見ていると「ぴかぴかめがね」になる。「ゆうやけぐも」の中を飛ぶと、「あかいろめがね」に変わってゆくのです。その場その場に合わせて柔軟に、宇宙の摂理に従って動く主体性です。

こころの本来の姿は、「大円鏡」ですから、周囲の森羅万象をありのままに映します。万物と一体に溶け合って絶妙の働きをするには、本来そうした自由自在の働きがそなわっている。

それが禅の「用《ゆう》（働き）」の側面であり、それを私は「ゼン・ヴァイタリティ（Zen Vitality 自在性）」と呼んできました。この禅の基本的な生き方こそ、多様なライフスタイルを創造する源にほかなりません。

かつて私は、シャチのショーを初めて見て深い感動を覚えたことがあります。一九八五年、カリフォルニア州サンディエゴのシーパークでのことです。大勢の観客を前にして、大きな身体のシャチが、人間の指示に従って見事な演技をするのです。飛び跳ねて水しぶきを上げたり、人を乗せて泳いだり、一所懸命、演技を披露します。人間とシャチが協力し合い、一体となって、一つの世界を創造します。なんと、シャチと人間とのあいだで見事なコミュニケーションが成り立っているのです。どうしてシャチにそんなことができるのか、私はその不思議さにただ驚くばかりでした。

ここではこう、次はこう、と言葉で指示しても理解できないでしょうし、指導員が自分の身体でやって見せたら、それをシャチが真似するものでしょうか。言葉の通じない歯鯨《はくじら》の一種、シャチに人間の指示が伝わって、目の前で次々に演技を披露しているのです。

観客の前に出てくるまでには、人知れず何度も何度も練習したに違いありません。そう思いをはせると、心の奥底から強い感動が湧き上がり、不覚にもこぼれた涙をこっそり拭いた次第です。満場の観客が大歓声を上げている真っただ中のことでした。

さて、感情移入も人間同士となると、かえって難しくなることも少なくありません。人間には互いに思いを伝え合うための、言葉という貴重な手段があります。親子や男女の愛、友情などすばらしい心の交流ができます。あれこれいわなくても通じ合う相性のいい間柄もあります。しかしながら人間には、誤解や嫉妬といった負の要素が付きもので、なかなかやっかいです。さらに相性が悪いとなると、言葉で相手を傷つけたり、口論を始めたりで、心が滑《なめ》らかに「こころころ」と動いてくれません。

角《かど》あれば　物の障《さわ》りて　むづかしや
心よ心　こころころとせよ

（『禅林世語集』）

円い玉ならころころと転がりますが、どこかが角ばっていると、そこがじゃまになって滑らかには転がりません。ですから、その角ばった部分は取り除いたほうがいい。この角とは、私たちがもっている「自我」のことです。（第九章参照）

私が、という自己中心の「角」を取り除かないと何事もスムーズには進まない、というのです。人間の自我は、智慧《ちえ》を欠くと互いにぶつかり合う宿命をもっています。自己中心性をもつ自我が自己主張をすればするほど、ほかの自我と衝突せざるをえません。私たちは、自己主張や自己中心性をコントロールする智慧が欠かせない動物のようです。

禅の修行では、「成り切る」ことを口やかましく指導されます。つまり、「三《さん》昧《まい》」です。庭掃除をするなら、「庭掃除三昧《ざんまい》」。本を読むなら「読書三昧」。何事にしろ、意識を集中して事に当たれということです。

無限の時間空間の中の「いま」「ここ」の自分の心を一点に集中する——このような、対象に「成り切る」態度は、まさに禅の強調するライフスタイルです。事実、禅には集中力を身につける訓練として、きわめて実用的な面があるので、さまざまの分野で応用されているわけです。

その一方で、私たちの心がいかに頼りないかは、坐禅をやってみればすぐにわかります。心を鎮《しず》めようと思っても、あれこれ雑念が浮かんできます。次から次へと浮かんでくるその妄念の多さを改めて思い知らされます。自分の内側はもちろん、私たちの周囲には集中力を散漫にする要素が満ちあふれています。重大な出来事にも些細《ささい》なことにも、私たちは揺れ動きます。

近代西欧合理主義の二元論は、物と心を切り離すことによって、物質的豊かさをもたらしました。身体と心を切り離し、人の身体を物体として実験を重ねることにより、医学は進歩してきました。これは私が医科大学での解剖実習の体験（第一章参照）によって深く再認識したことです。

こうした西欧的二元論を超える生き方は、「物の生命《いのち》」という考え方につながります。人間、動物、植物といった生物とともに、無生物、無機物にも「生命」を見て取るのです。これは生き方の転換をもたらし、人間性の豊かさを取り戻す一つの方法だと思います。

「衆生《しゅじょう》」という仏教語は、「生きとし生けるもの」、「すべての生命《いのち》あるもの」というのが本来の意味です。しかし、精神の働きをもつ「有情《うじょう》」とともに、その働きをもたない山川草木《さんせんそうもく》、土や石などの「非情」までを含む万物が衆生、という考え方もあります。この世の存在すべてを「衆生」として敬意を払うという考え方です。これが物を大切にする仏教徒の論拠です。

滴水《てきすい》禅師（滴水宜牧《ぎぼく》、一八二二～一八九九）は、風呂の水を無駄に捨てて師匠に叱られ、水を活《い》かして使うことを学びました。禅寺で育った私も、幼少のときから師匠に、物を「活かして使え」と叩き込まれて育ちました。禅寺で伝えられてきたこの基本的な生活態度には、〝物〟に対する〝敬意〟があります。物を大切にすることは、心を大切にすることです。心を大切にするには、物を大切にせねばなりません。「心と物とは一つ」という見方であり、感じ方です。そうした物の生命をも慈しむ生き方があるはずです。ただし、ここで注意すべきことは心の主体性です。

物を大切にする心と、物への執着とは似て非なるものです。物への関心という点では同じですが、「執着」とは物に主体性を奪われて溺《おぼ》れることであり、「大切にする心」とは主体性をもって物に愛情を注ぐことです。仏教の説く「無《む》執着《しゅうじゃく》」は、欲望の奴隷となることを戒めています。自分自身を見失い、限りなくふくらむ欲望に従えば、いずれは破滅が待っています。

仏教語では「愛着」を「あいじゃく」と読み、執着と同じ悪い意味につかわれます。しかし、ふつう私たちのつかう愛着《あいちゃく》は、心に潤いを与え、豊かにしてくれます。そして欲望の無限の連鎖から解放され、「こころころ」転がる本来の心を取り戻す。それが仏教徒の目指す「解脱《げだつ》」です。

誰でも、大事な思い出という宝物をもっているでしょう。思い出のいっぱいつまったものに愛着をもつことは、心を豊かにしてくれます。人が死に臨むとき、結局は「思い出がすべて」ではないでしょうか。

いつか私がこの世を去るとき、二つのものをお棺に入れてもらうつもりです。

拙著"A Zen Forest"（巻末「禅の風を追って――むすびにかえて」参照）一冊と、マンザニータ樹で作った愛用の箸一対です。

"A Zen Forest"は、私の三十代のエネルギーの大半を注いだ仕事で、数々の大切な思い出があり、私がこの世に生きた証だからです。一九七八年八月、カリフォルニアのシエラネバダ山中にゲーリー・スナイダーを訪ね、持参した原稿を読んでもらったこと、出版を勧められたこと、貴重な序文を送ってくれたこと。マンザニータの箸は、スナイダー家周辺に生えていたマンザニータの木からやっと見つけたまっすぐな小枝で作ったものです。小豆《あずき》色の木肌にはじつに上品な光沢があり、四十年ものあいだそんな箸を愛用している人間は、世界中で私だけだろうとひそかに悦《えつ》に入っています。

人生はさまざまな思い出でいっぱいの倉庫です。愛着ある宝物のような大事な思い出も、ささやかな数々の思い出もあるでしょう。いつなにが飛び出してくるかわかりません。

## こころ

夜空の星がどんなにきれいでも
遠くばかり眺めていちゃいけないよ
きっと足元の石につまずいて転ぶから

道端の花がどんなにきれいだからといって
近くばかり見とれていちゃいけないよ
自分の行く先がどこだったか忘れるから

とどこおらず　しなやかに
こころころころ
ころころこころ

# 第八章　一隅《いちぐう》を照らす

## 「灯台守《とうだいもり》」――慈悲行《じひぎょう》を歌う

# 灯台守

勝承夫《かつよしお》作詞

こおれる月かげ　空にさえて
真冬の荒波　よする小島
おもえよ　灯台　まもる人の
とうときやさしき　愛の心

はげしき雨風　北の海に
山なす荒波　たけりくるう
その夜も　灯台　まもる人の
とうとき誠よ　海を照らす

これは、岬の灯台で海難事故を防ぐために働く人々の使命感を讃えた歌です。「はげしき雨風」が吹いて、「山なす荒波」が押し寄せています。

その夜も　灯台　まもる人の
とうとき誠よ　海を照らす

航海中の船にとっては、海上を照らし、位置確認の目印となる灯台の役目はきわめて重要です。とくに嵐の中の灯台の光は、方向を見失った船にはなんとも心強い目印になるからです。

禅語では、この灯台の光を「霧海《むかい》の南針《なんしん》」と表現します。深い霧につつまれた海上で、進む方向を見失った船に、手がかりを与えてくれるのは羅針盤《らしんばん》です。これほどありがたいものはありません。あたりがまったく見えない状況にあって、こちらが南の方向だとわかれば、それが大きな手がかりとなり窮地を脱することができるでしょう。

『星の王子さま』には、点灯夫の話が出てきます。その点灯夫のいる星は小さくて、街灯のためのわずかな場所しかありません。そんなところで点灯夫は、役目として街灯をつけたり消したりしています。しかし、どう見ても無駄な仕事で、王子さまがずいぶん奇妙だと思ったのは当然です。それでも王子さまは感じました。この点灯夫がしている仕事にはなにかの意味がある、と。

この点灯夫に出会う前に、王子さまは何人か変わった人物と会いました。しかし、みんな自分のことしか考えていませんでした。だから王子さまは、この愚直な点灯夫を愛すべき人物と考え、好きになりました。その理由は、点灯夫が自分のことだけでなく、他人のことも考えようとしている人だとわかったからです。

かつて、私の兄弟子に宗隆《そうりゅう》という人がいました。年齢の離れたこの兄弟子を私は「宗隆兄《にい》ちゃん」と呼びましたが、とてもやさしい性分の人でした。私が小学生のころ、雨降りの日にはよく傘をもって学校まで迎えにきてくれました。

放課後の校庭で、傘をもった大勢の親たちの中に宗隆兄ちゃんの姿を見つけたときの喜びが、心温まる記憶としていまも残っています。北原白秋の「あめふり」は私のこの思い出をそのままに代弁しています。

あめあめ　ふれふれ　母さんが
蛇《じゃ》の目でお迎え　うれしいな
ピッチピッチ　チャップチャップ
ランランラン

雨降りといっても、必ずしもいやなことばかりではありません。うれしいこともあります。母さんが蛇の目傘をさして迎えにきてくれるのです。子どもにとっては、雨にぬれることなど苦になりません。それよりも、母さんが迎えにきてくれて、蛇の目傘をさして一緒に帰れることのほうが、ずっとうれしいのです。この子ども心を私も実感できるのは、幼いころの「お迎え」の思い出があるからです。

私の師父《しふ》は、「雨の降りそうなときに傘をもってゆかなかった自分が悪いのだから、放っておけ」という厳しい教育方針を貫いた人でした。ところが兄弟子の宗隆兄ちゃんは、雨が降り出すと気が気ではなくなるのでしょう。師匠には内緒で、こっそり学校まで私を迎えにきてくれたようです。学校までこれないときは、先回りして、私が通るはずの帰り道に住む知人に傘を預け、「宗育ちゃんがここを通ったら渡してやってほしい」と頼んだ、という話も耳にしました。まことに残念でしたが、その宗隆兄ちゃんは二十五歳という若さで亡くなってしまいました。しかし、このやさしい兄弟子がいたことは、私にとってかけがえのない思い出であり、けっして忘れることはありません。

白秋の「あめふり」は、次のように続きます。

あらあら　あの子は　ずぶぬれだ

柳の根方《ねかた》で　泣いている
母さん　ぼくのを貸しましょか
きみ　きみ　このかさ　さしたまえ

ぼくなら　いいんだ　母さんの
大きな蛇の目に　入ってく

ささやかな親切はいいものです。ことさら負担を感じさせない、さらっとした小さな親切はすがすがしく感じられます。たとえば交互通行の橋などで、向こう側で待機して譲ってくれた車とすれ違うとき、車中にこわそうなお兄さんの顔が見えたりすると、なぜかうれしさが増すことがあります。人間ていいもんだ、と。

近年、冷酷な事件がしばしば起きますが、その一方で、ニュースにはならないけれども、「人間も捨てたものじゃない」と思わせてくれる心温まる出来事も、少なからずあるに違いないと思います。

さて、灯火の重要な働きである明かりに戻ります。明かりがあり、周囲が見える状態なら、私たちはあれこれ行動できますが、真っ暗闇の中ではなにもできません。ですから遠く離れたところでも、明かりが見えればそれは大切な目印になります。

また、明かりはそうした目印として役立つと同時に、人に安堵の思いと安心感をもたらします。たとえば外出先から帰宅する際、暗い夜道を急ぐときなど、わが家の明かりが見えるとほっとします。実際、真っ暗なわが家に入るのは、なんともわびしいものです。暗闇の中、手探りで触れたスイッチを押し、家の中に明かりがともるとほっとして、無意識の緊張からやっと開放されます。自分の居場所に戻った安心感です。

古来、日本にはお盆の行事として、迎え火や送り火を焚《た》く習慣があります。たいてい新暦七月か、月遅れの八月十三日の夕方になると迎え火を焚きます。山や墓地から帰ってくる先祖の霊（精霊《しょうりょう》）の通る道筋や、門や、玄関などに迎え火を焚いて明るくします。

高浜虚子《たかはまきょし》にこんな句があります。

風が吹く　仏《ほとけ》来給《きたま》ふ　けはいあり

ここでいう「仏」は、本来の意味の覚者《ブッダ》（目覚めた人）ではなく、死者を指す言葉です。吹いてくる風に、目には見えない姿を感じたのか、風とともに先祖がやってくるような気配を感じた、というのです。

迎え火を焚くのは、先祖の霊のために足元を明るく照らしてあげたいという、生きている者たちのやさしい心遣いであり、思いやりでしょう。この迎え火や送り火の行事は、ブッダの説く仏教とは異質なものですが、私たちの先人への思いに一つの具体的な形式を与えてくれるものとして、少なからぬ意義があります。つまりこの行事を実践することで、想像力がふくらみ、この世に生きる私たちの人生に厚みを加えてくれるからです。

このように灯火には、温かさという大切な働きがあります。それは、人の身体だけでなく、心をも温める重要な働きで、その温かい心は、そのまま温かい行為につながります。思いやり、つまり自分のことをさておいてでも、相手に対して思いをはせる努力、それが「慈悲行《じひぎょう》」です。大乗仏教においては「智慧」とともに非常に重視されている修行です。

仏壇にともす灯明《とうみょう》は、先祖への謝恩行《しゃおんぎょう》の証《あかし》であるとともに、自らの混沌とした心の暗闇にともす智慧の明かりでもあります。

第二章でお話しした「自灯明法灯明」にある「灯明」として、真の「よりどころ」とすべき智慧の象徴です。迷いながら生きている私たちには、人生に確固たる指針を与えてくれるこの灯明はどうしても必要です。

ちなみに、「灯台下《もと》暗し」ということわざがありますが、このことわざの灯台は、仏壇などに置く「灯明台（燭台《しょくだい》）」のことで、岬の灯台ではありません。灯明台の灯明をともすと、周囲は明るくなりますが、灯明台のすぐ下はかえって暗いので、身近な事情にはとかく疎《うと》いもの、かえってわかりにくいもの、という意味につかわれています。

「一隅《いちぐう》を照らす」という言葉は、伝教大師《でんぎょうだいし》（最澄、七六七〜八二二）の言葉として広く知られています。私たち凡夫《ぼんぷ》には、大海原の船を導く一基の灯台のように、そのまわりをあまねく広く照らすのは難しくても、「一隅」つまり片隅だったらできるかもしれません。

自分に与えられた一隅を、自分なりのやり方で明るく「照らす」。それぞれの力量にあった広さで十分です。大切なのは「照らす」ことだからです。それもいちばんいいのは、自分が好きなこと、得意な分野で人に喜んでもらえることでしょう。それなら自分の喜び（自利）が、そのまま他人の役にたつ利他行《りたぎょう》にもなります。そうした善意によってこの世を明るく照らすのか、自利にとらわれた悪意によって暗闇をふやすのか……。人が見ていてもいなくても、ただ黙々と智慧の明かりを頼りに慈悲行を実践してゆく。淡々とわが道を進む。そんな生き方の中に、私たちの進むべき道があるに違いありません。

「欅《けやき》」という樹は、なかなか味わい深い変身の名手で、春、夏、秋、冬と、それぞれの季節に応じて、違った姿を見せてくれます。

とくに夏の暑い盛り、道端に立つ欅の大木は見事です。そこを通る人々が、日差しをよけて木の下にたたずんでいます。しかしその欅の大木は、他人の役にたとうとして立っているわけではありません。ただ立っています。知らん顔してただ立っているだけなのに、人々に涼しい木陰を提供しているのです。

こんな欅の姿は、ひたすら愚直に「一隅を照らす」という慈悲行のよいお手本に違いありません。

## 欅

それも夏の欅
照りつける太陽の下
道端の木陰で
孫の手をひく老婆がつぶやく
「ありがたいね」
仏の影
慈悲の形

# 第九章　人生の妙味

## 「うみ」――柔軟心《にゅうなんしん》と不動心《ふどうしん》を歌う

# うみ

林柳波《はやしりゅうは》作詞

うみは　ひろいな
大きいな
つきは　のぼるし
日が　しずむ

うみは　おおなみ
あおいなみ
ゆれて　どこまで
つづくやら

うみに　おふねを
うかばせて

いって　みたいな
よそのくに

海には不思議な力があります。海辺に立って潮の香をかぐと、私は、はるかに遠いなにか古代的なものに触れる感じがします。

それは、ずっと前にどこかへ置き忘れてきた大事な宝物に再会するような、そんな感覚です。旅先から、しばらくぶりにわが家へ戻ったような安心感を覚えます。太古、人類が海からやってきた事実につながる感覚かもしれません。

海辺に立つと、はるか彼方まで海が広がって見えます。

「海は広いな、大きいな」。

子どもは思います。

「だって、お月さまが昇るときは、いつも海の中から出てくるんだもの。だって、空に浮かぶお日さまは、夕方になると、海の中へ沈んでゆくんだもの。きっと海の中には大きなお部屋があって、お月さまも、お日さまもお空に浮かんでいないときは、きっとそこに隠れているんだ。きっとそうだ」。

子どもの目には、広くて大きな海は不思議な魔法の貯蔵庫です。海の中にはいろんな物がしまってあります。月は海の中から出てくるし、太陽は海の中へ沈んでゆくからです。たわいない幼い表現に見える「うみ」の歌詞は、じつに大きな本質的なテーマを暗示しています。

この童謡を聞くたびに私が思い浮かべる禅語があります。

水流れて元《もと》より海に入り
月落ちて天を離れず
（『禅林句集』）

水は、高い所から低いほうへと流れる。それが本来の性質です。空から降ってくる雨をはじめ、雪もあられもみんな、水となって流れる。少しずつ水が集まって小川となり、次第に大きな川となって、最後は海に注ぎます。それが、「元より海に入り」です。海は、空から戻ってくる水にとっては終着駅であり、空へのぼってゆく水蒸気には始発駅です。水という物質が自然界を循環するうえで、海は重要な位置にあり、大切な役割を担っています。

空高く輝いていた月が海の彼方の水平線に沈むと、どこかに消え去ったように見えます。しかし地球の裏側にあり、次の日には必ずまた大空に戻ってきます。天空を離れてどこかへ行ってしまったように見えても、「天を離れず」です。けっして天から離れることはありません。これが表面的な意味です。

ここには典型的な禅語の特徴があって、きわめて即物的です。扱っているのは、水、海、月、天といった、目に見える具体的なものです。禅語は具体的なものを扱って、目に見えない心の世界を描写するのが常です。目に見える水と月、海と天は、じつは目に見えない私たちの心のことです。つまり変化を繰り返す水と月は、私たちがもつ「柔軟心」であり、不変不動の海と天は「不動心」

です。私たちは、この二つの心の働きによって生活しています。

「柔軟心」は、こだわり、先入観、独善を捨て、そのときその場に合った生き方を選択する態度です。もちろん場当たりでも、日和見《ひよりみ》でも、優柔不断でも、意志薄弱でもありません。まちがいに気がついたらメンツにこだわらず、いさぎよく反省し新しい道を進む生き方です。とはいえ「柔軟心」だけでは足らず、もう一つの態度がどうしても必要になります。

それが「不動心」です。柔軟心をもって熟慮のすえ、こうと決めたら周囲の意見に惑わされず、わが道を進んでゆく生き方です。もちろん、妄信的な原理主義ではなく、自己中心的な態度でも独善的な過信でもありません。周囲の雑音に惑わされず、自ら選んだ道を、強い信念をもってまっしぐらに歩む生き方です。どちらも欠くわけにはゆきません。両方とも必要です。

表面的には相反するかのような「柔軟心」と「不動心」ですが、しっかりしたアイデンティティをもつ人格の中では、二つの生き方は一つです。これら二つがバランスよく一体となって、その場その場で自由自在に働くところに、禅の目指すライフスタイルがあります。その絶妙な働きを、「妙用《みょうゆう》」と表現します。私は、それを禅の働き（用《ゆう》）の特質として、「ゼン・ヴァイタリティ（自在性）」と呼んできました。

二つの心は、双方が補い合って私たちの生活の中に活《い》きています。周囲の意見に謙虚に耳を傾け、よいところは取り入れつつ、なおかつ振り回されず、自分の夢や理想の実現を目指して、わが道を進む。そうしたよき人生のための両輪が「柔軟心」と「不動心」です。

とはいうものの、私たち凡夫は、バランスのとれた成熟した人間像を目標としたところで、とかく一方に偏りがちです。「柔軟心」が勝る人、「不動心」に傾く人は、どこにでもいます。そして困ったことは、私たちの中に「自分に甘く、他人に厳しく」なる傾向があることです。

そしてその傾向は、「角《かど》」のある性格となって、人格に現われます。次の句にあるかたつむりの「角《つの》」はコントロールできない自己主張、我執《がしゅう》の象徴です。
こんな句があります。

ある角も　出さねばまろし　蝸牛《かたつむり》　（『禅林世語集』）

自己主張の「角《つの》」をうまく制御できているときのかたつむりは、「まろし」です。その形は人格円満の象徴で、一般には角《かど》の取れた、円満な人のほうが好かれます。人間の生き方の規範は、「自分に厳しく、他人にやさしい」に尽きるのでしょう。

他方、私たちにとっては、生来の我執という扱いにくいお荷物をどうさばくか、が問題です。我執はいわば濁流で、荒々しい強力なエネルギーをもっています。それをいかにコントロールし、そのエネルギーをプラスに変えるか、すべてはそこにかかっています。

次のような二首の道歌《どうか》もあります。

円《まる》なれや　ただ円なれや　人心《ひとごころ》
角《かど》のあるには　物のかかるに

（同前）

円くなれ。角を取れ。とげを抜け。これもまた一面の真実です。やはり円満なのがいい。ひっかかる角は、とげとなって邪魔で迷惑です。「心よ心　ころころとせよ」が大事です。とはいえ、いくら円い玉がよくても、どこにも「角」がないまんまるの玉では、ころころ転がるばかりで、始末におえません。あっちへころころ、こっちへころころ、まるで「水に漂う浮き草」のようで、やはり円満の中にも、どこか骨っぽい筋の通った「角」が必要です。

円くとも　一角あれや　人心
あまり円きは　転びやすきぞ

（同前）

誰にも「いい顔」をするだけの八方美人では情けない。あちらにもこちらにもいい顔をして、要領よく付き合う。誰からも悪く思われないように、周囲との衝突を避け、物事に深く関わらず、責任はもたない。こうした生き方では、しばしば大切な主体性や節操が欠けがちで、筋の通った生き方とは言えないでしょう。

また、同じように円満で温厚な性格でも、筋の通った骨っぽい人もいます。それが「一角」をもった人です。どこかに角があれば、それを手がかりに玉は止まります。ころころ自由に転がりながらも、止まるべきところでは、きちんと止まります。

この二つの道歌は、まさに「不動心」と「柔軟心」を示唆《しさ》しています。初めの「円《まる》なれや」は「柔軟心」、あとの「一角あれや」は「不動心」を強調したものです。

私たちは、「柔軟心」によってさまざまな障害物を乗り越えて生きてゆきます。

それと同時に、「不動心」をもち、自分の理想の星を見失わないよう努力せねばなりません。

夢も願いも自分で選ぶものです。不動心をもってその願いを育ててゆけば、やがてそれは「志《こころざし》」に育ってゆきます。人生とは、胸に秘めた夢を大切に育み、その志を果たそうとする営みなのでしょう。

次の有名な言葉は、白隠《はくいん》禅師の『遠羅天釜《おらでがま》』にあります。

動中《どうちゅう》の工夫《くふう》は静中《じょうちゅう》に勝ること百千億倍す

日常生活で自分の動作、行動に細心の注意を払えば、静かに坐禅するより百千億倍も得るものがある、と白隠さんは言います。百千億倍ですから、いかに「いま、ここ、わたし」のありようを強調しているかがわかります。私がこの言葉に共感するのは、ミカン畑での作業から、書斎仕事に匹敵するほど多くのことを学んでいる自覚があるからです。

禅は思想としてもじつに魅力的ですが、その醍醐味は、やはり身体を動かす人間の活動にあります。この意味で、禅は私たちの日常の生き方に数々のヒントを与えてくれます。まずは坐禅の修行で身につける「禅定力《ぜんじょうりき》」。心のエネルギーを集中させる力です。「心は一つ」となる「三昧《さんまい》」のこと、「成り切る」ことです。意識が散漫になれば、当然、力も散漫になります。

太陽の光も、虫めがねで一点に集中させれば、高温になって紙を焼くほどのエネルギーとなります。心を鎮《しず》めて、一つの対象に意識を集中することで、もてる力を最大に発揮するのです。この集中力は、日常生活で大いに役にたちます。

さらに「無《む》執着《しゅうじゃく》」という生き方。この無用な欲望に近づかない生き方はまた、「知足《ちそく》」、つまり「足るを知る」ことにもつながります、自分の身体も生命《いのち》も、なにもかもみんなもらいもので、すでに身に余るほどのものをもらって生きている、という自覚です。

ただ、無執着といっても、凡夫の私たちには、すべての欲を捨てる「無欲」より、「寡欲《かよく》」のほうが適切です。「不必要に貪《むさぼ》らない」生活態度です。不必要な欲望は切り捨てる。なくてはならない欲望だけに絞りこむ。どうしても必要なものだけを大切にする「寡欲」の生き方、これはまた「清貧」の生き方でもあります。そのなかから「願い」や「夢」が生まれるに違いありません。

こうした「無執着」、「知足」、「寡欲」の生き方によって、心はずっと軽くなり、心の「自由」が得られます。不自由に見える修行に取り組むのは、まさにこの自由を手に入れるためです。本来、人は自由自在なのに、欲望への執着が縄となって自分を縛っている。自縄自縛《じじょうじばく》です。この自分を縛っている縄を解き、縄から脱する。それが「解脱《げだつ》」、仏教における理想の境地です。それによって得られるのが「遊戯三昧《ゆげざんまい》」の世界です。

人生を楽しむ。時を忘れて子どもたちと遊んでいた良寛さんのように、遊び戯れる境地です。それはまた、孔子の説く「心の欲するところに従えども矩《のり》をこえず」（『論語』）の世界で、これこそ万人にとっての最終目標でしょう。スポーツ選手がよく「試合を楽しむ」といいます。一つの道を究めた人々や、一流選手のいう「楽しむ」とは、厳しい努力の末に開けてくる、この遊戯三昧の境地のことに違いありません。

こうした禅の絶妙な「妙用」の働きは、私たちに多くのことを示唆してくれます。この「ゼン・ヴァイタリティ（自在性）」は、さまざまな生き方を創造する玉手箱と言ってよいかもしれません。

私たちがどういう生き方を選択したとしても、それを実践するには、水や月のような柔軟心と、海や天のような不動心が支えです。転変極まりないこの世にあって、不動心を保ち、柔軟心を活かした自由なライフスタイルを創造する。それが、かけがえのない生命を託された私たちがなすべき、この世への恩返しなのでしょう。

## 加減

アクセルのない自動車なんて
ブレーキのない自動車なんて
どちらも目的地まで行けない

心にアクセルがなかったら
心にブレーキがなかったら
どちらも幸せにはなれない

アクセルとブレーキ
その踏み加減
人生の妙味

# 第十章　一期《いちご》を生きる

## 「故郷」——帰空《きくう》を歌う

## 故郷《ふるさと》

高野辰之《たつゆき》作詞

兎《うさぎ》追いしかの山
小鮒《こぶな》釣りしかの川
夢は今もめぐりて
忘れがたき故郷

如何《いか》にいます父母《ちちはは》
恙《つつが》なしや友がき
雨に風につけても
思いいずる故郷

こころざしをはたして
いつの日にか帰らん

山は青き故郷
水は清き故郷

この「故郷」は、まちがいなくもっとも広く愛されている歌の一つでしょう。三番目の歌詞の「山は青き故郷　水は清き故郷」こそ、多くの人の原風景であり、歌詞もメロディーも、私たちの心の奥深くにある「なつかしさ」の感情を引き出してくれる名曲だからです。

まず一番です。

兎追いしかの山
小鮒釣りしかの川
夢は今もめぐりて
忘れがたき故郷

さて、この歌を口ずさむと、描かれた光景が目に浮かぶ方も多いことでしょう。子ども時代のさまざまな思い出が、時には遠い記憶として、また、時には昨日のことのように浮かんでくる。そして、うれしかったり悲しかったり、つらかったりした幼いころの体験が、その後の人生になんらかの関わりをもっていることでしょう。

しかし現在では、この故郷の光景がずいぶん失われてしまいました。この現実は、本来の「アイデンティティ」を見失って右往左往するかのような、現代人の精神状況をそのまま反映しているようです。目の前に起こる現象は、目に見えない心と深くつながっており、荒れた風景は荒れた心を、荒れた心は荒れた風景を生み出します。心と環境は切り離すことができず、互いに深く影響を与え合っているからです。

自然環境に恵まれた日本に住む私たちには、「山は青き故郷」があってこそ心が安定し、「水は清き故郷」があればこそ心も澄む。それが本来のありようでしょう。環境と人間の心とが適切に対応できている状態、心の外側と内側のバランスがあるべきように保たれた状態、それが人間の生き方の基本だと思います。

「山は青き」「水は清き」わが承元寺は、駿河湾から興津川《おきつがわ》の清流沿いに三キロほど北上した山間にあり、かつては「興津の承元寺」と呼ばれていました。しかし興津町は清水市に合併して消滅し、その清水市も静岡市清水区となって消滅しました。そんなわけで私にとっての故郷は、「水は清き」清水市とともに、青き山々と興津川の清流に恵まれた、かつての興津の町です。

私の通った興津小学校の校歌（原田良之輔作詞）は、当時の興津町の特徴を簡潔に紹介しています。

清見潟《きよみがた》　魚介《ぎょかい》豊かに
野山には　みかん色づく

東海に　あやなす文化
恵まれし　興津の子らよ
清く　正しく　健《すこ》やかに

興津の海岸は清見潟と呼ばれ、その向こうには三保の松原が広がっています。ここは駿河湾の内側にあり魚介類が豊かでしたが、いまは埋め立てられて清水港の一部に変わりました。

気候温暖の地で、興津川沿いの山々や平野にはミカンがいっぱい実り、また、海岸に近い東海道（国道一号線）沿いには、明治、大正の元老、井上馨や西園寺公望の別荘がありました。東京と名古屋のちょうど真ん中なので、関東と関西の「あやなす文化」に恵まれたところです。

子どものときには、校歌の歌詞の意味を深く考えませんでしたが、いまの私には作詞者（当時の校長先生）の思いがしみじみと伝わってきます。とくに、最後の「清く正しく健やかに」という一節は、教訓じみていやでしたが、人生の残りの時間が気になる歳になってみると、私も作詞者と思いを共有できます。

さて、「故郷」の歌詞の中でもっとも重要な三番です。ここに含まれる三つのキーワード、「こころざし」と「帰らん」、そして「故郷」について考えてみたいと思います。

「こころざしをはたして／いつの日にか帰らん」という言葉には、当時の風潮が色濃く反映されています。それは、「仰げば尊し」の、「身を立て名をあげ」という立身出世主義に通ずるものと解釈できます。当時に限らず、地方に住む人が都会へ出て、地位や名声を得たり、経済的に成功して「志を果たして」故郷へ錦を飾る、というのはよくあります。

事実、作詞者の高野辰之は、長野県の豊田村に生まれ育ち、東京へ出て作詞者として、また学者として優れた業績を残した人です。「故郷」の歌詞は、故郷の豊田村で過ごした幼い日々の体験から生まれたものといわれています。また、ほかにも「紅葉《もみじ》」「おぼろ月夜」など数多くの名曲を残しました。ですからこの作者が、「こころざしをはたして／いつの日にか帰らん」と表現したのはごく自然です。

ただし、原意からは離れますが、私はこう解釈しています。

この「こころざしをはたして」は、自分の人生を悔いなく精一杯生き、やるべきことをやり終えて、ということ。また、「いつの日にか帰らん」は、誰にも必ず訪れる死を迎えたら、淡々と、もといた居場所、「故郷」へ帰ってゆこう。こんな解釈です。こう考えると、この歌はさらに深みを増すように思えます。

誰でも死を恐れます。恐れる理由はたぶん、死ぬとどうなるのか、いったいどこへゆくのか、それがわからないからでしょう。しかし、帰ると言う以上、どこか帰ってゆくべき場所があるはずです。

つまり最大の問題はどこへ帰ってゆくのか、その場所です。この歌によれば、それは「山は青き故郷」であり、「水は清き故郷」です。自分の生まれ育った、なつかしい故郷へ帰ってゆくというのです。

ある人は、死んだらすべてはおしまいで、霊魂も死後の世界なども絵空事で、そんなものはないといいます。生命が尽きれば死体となり、焼却されて分解され元素となる。それがすべてです。このように唯物論的に考えれば、死後の問題はすべて解決し、死んでどこへゆくかなど問題になりません。

また、人は死ぬと極楽や天国にゆくと信じている人もいます。信心、信仰に生きる人です。死ぬと極楽浄土の阿弥陀《あみだ》さまのもとにゆくとか、神に召されて天国へゆくと信ずる人には、死は恐くないでしょう。死後は神仏に召されるなら幸せなことであり、極楽浄土や天国で楽しく暮らせるなら、死ぬのも悪くはないことになります。

この世で奇跡の「生」を受けた私たちは、さまざまな出会いと別れ、喜怒哀楽を繰り返して、「病」「老」から「死」に到ります。たまたま生命を授かり、その営みを見守ってくれたこの宇宙に生命を返し、私たちは一生を終える。まさに生は偶然、死は必然です。

「いま、ここ、わたし」のありようを問う禅にふさわしい表現をすれば、人生は「いま、ここ、わたし」が一瞬一瞬に積み重ねた作品であると言えます。私たちに与えられた奇跡の生命を、精一杯、力の限り生きたという自負があれば、まちがいなく自分独自の芸術作品が完成したことになります。

それが人生第一の成果であって、社会的に成功したか失敗したかなどは二の次のことです。それよりも生き切ることこそ、唯一無二の、世界でたった一つの私自身という作品であり、それが絶対的価値をもつからです。

お葬式に用意する白木の位牌には、戒名《かいみょう》の上に「新帰元《しんきげん》」の文字を書き加えます。「新たに元《もと》へ帰る」、つまり、このたび新たにもとの居場所へ帰ってゆくことになった、という意味です。

帰元には、帰真《きしん》、帰本《きほん》、帰空《きくう》、帰源《きげん》、帰寂《きじゃく》など、多くの同意語があります。どれも「もとの世界」、根源、源《みなもと》、「本質の世界」で、そのもとの居場所へ帰ってゆくのが「死」だという考え方です。

禅ではこころの根源を、「家山《かさん》」とか「家郷《かきょう》」と表わしますが、こうした「家」や「山」や「郷」といった言葉は、さらに故郷のイメージに近づきます。私には、「故郷」へ「帰らん」という言葉と「帰元」という文字が二重写しになって見えます。

このように、死後に帰るところが「故郷」ならば、それはもとの居場所なのですから、ずいぶん気が楽になります。死後にどこか遠い知らないところへゆくのでは不安ですが、青い山々に囲まれた故郷、清い水の流れる故郷へ帰ってゆく旅なら安心です。同じく、先に逝った人々が「草葉の陰から」見守っていてくれるという表現も、私たちに救いや安心を与えてくれます。

人生は、故郷（本質）を離れ、現象界のこの世で何事かをなし、またもとの故郷へ戻ってゆくというのが基本的なサイクルです。たとえ心が迷い、さすらうことがあっても、いつかもとの居場所へ戻ってゆく。こう考えると、故郷を離れた旅人がもつ望郷の念は、人間にとって基本的な情念なのでしょう。

「夕暮れ症候群」と呼ばれる症状があるそうです。認知症になったお年寄りに見られる症状で、どこにいても「もううちに帰らなくちゃ」と、そわそわするのだそうです。施設で暮らしている人どころか、自宅にいる人でも、「うちに帰らなくちゃ」と言い出すとのことです。もしかしたらこれは、現世から本質へ戻ろうとする人間の無意識の衝動であって、磁石のような力なのかもしれません。

とかくこの世はままなりません。渦巻く煩悩の波間で私たちは生きています。いじめ、嫉妬、意地悪、恐喝、詐欺《さぎ》――こうした悪も、私たちの営みにはいつも付きまといます。

そして結局は、あれやこれや清濁合わせて飲み込んで生きる。それが人間社会に生きるということなのでしょう。

名声、富、地位、どれもそれなりの一つの夢であり、志です。名声を求めて有名になれたら、それもけっこう。金儲《もう》けをしたい人が金持ちになれたら、それもけっこう。地位を求めてその地位に就けたら、それもけっこうです。望んだことが実現すれば、運のいい人たちです。

しかし、人の世で万事が運よく進むとは限りません。とかくそうでないことのほうが多いものです。いくら努力を重ねても、厳しい現実の中で、しばしば夢はしゃぼん玉のようにこわれて消え、自分の希望がかなわないことは少なくありません。しかしながら、夢がこわれ挫折したからといって、それが直ちに不幸な人生なのかどうか。問題はここです。

確かに失敗は不運でも、それが不幸とは限りません。不運な失敗が幸運につながることも少なくありません。油断して失敗した悔しさが怠慢への戒めとなり、その後の人生への原動力となって、自分の夢が実現することもよくあります。また、なにかに成功した幸運が幸せとも限りません。金儲けを目指した人が、大金を手にして人が変わり、道を外れ、結局不幸な人生を送ったという話も耳にします。

世間的に成功したり、失敗したりというのは、月が昇ったり、沈んだりするのと同じで、それは現象です。成功することもあれば、失敗することもある。相対的な次元にすぎません。仮の現象です。ある人は、たまたま縁と運に恵まれ世間的に成功した。またある人は、縁と運に恵まれず失敗した。それだけの話です。

次の詩は、かつて私がＮＨＫの「こころの時代」に出演した折、相手をしてくださった白鳥元雄《しらとりもとお》さんが、私の詩の中から選んで朗読された「一期《いちご》」と題する詩の後半で、私にとっては思い出の作品です。

夢が実現するもよし
夢が瓦解《がかい》するもよし
人生は一期の夢だ
夢は生きる力でもあり

はかなさのたとえでもある
その両方を
ゴクリと飲みこんで
ともかくも生きる
ひたすら一期を生きる

生きることの価値は、生きること自体にあると私は思います。ですから成功であれ失敗であれ、一回きりの自分の人生を生きたという厳然たる事実、その重みはなにも変わりません。

さまざまな喜怒哀楽の中で、病気も乗り越え、どうにか生きてきた。この授かった奇跡の生命を、不慮の事故で落とすこともなく、なんとか守り抜いてきた。そして、「いま、ここに、自分」が生きている――ただそれだけで、決定的な意味と価値があります。

肝心なのは、たった一回の自分の人生についての解釈です。幸せと思うか、不幸と思うかです。

第六章で取り上げた「からたちの花」には、「からたちのそばで泣いたよ／みんなみんなやさしかったよ」とありました。これは作曲家の山田耕筰が、少年時代につらい思いを抱えて「からたちのそばで泣いた」、その体験を北原白秋が詩にまとめたものです。

刮目《かつもく》すべきは、その悲しい体験が「みんなみんなやさしかった」という表現に変わっていることです。幸せも不幸せも、結局は自分の心次第だからです。「つらいことばかりだった」、「運がよかった」、「まずまず、ほどほど」など、人それぞれでしょうが、決定的なのは自分自身の感じ方で、それが自らの人生観や自己評価に直結します。なによりも重要なのは、自分の生き方、生きる姿勢だと言ってまちがいはありません。

禅僧はしばしば一円相《いちえんそう》を描きます。それは「無尽蔵《むじんぞう》」の円で、その中には一《いっ》切合切《さいがっさい》が入っています。自分の人生の出来事すべて、喜びも悲しみもみんなひっくるめて、その中にある。「瓦解した夢」も、「実現した夢」もみんな「ゴクリと飲みこんで」生き抜いた証が、すべてその中に入っています。

塔婆の「新帰元」の上に描く一円相はその象徴でしょう。それはまた、私たちがこの世を去ったあとの「円《まる》い大きなお月さま」なのかもしれません。

# ふるさと

頭上には青空
目の前には山河
蜜柑《みかん》畑の向こうは大海原
見渡す限りなにもかも
仏心の顕《あらわ》れ

人間の生まれる前の風景
あの千の風が吹いているところ
誰もがそこからやってきて
誰もがまた帰ってゆく故郷
ただ一つの確かな元《もと》の居場所

## 禅の風を追って——むすびにかえて

目を見開けば、禅のこころはどこにでもある。そう考えてきた私は、アメリカで出版した『禅林句集』『禅林世語集』に続き、フランス語圏を想定した『星の王子さま、禅を語る』(一九八八)を、次に、ドイツ語圏には『モモも禅を語る』(一九九一)、英語圏には『アリス、禅を語る』(一九九五)を出版しました。

もともとは、日本(本書)を出発し世界をまわって日本に戻る、という計画でしたが、諸事情で最後となりました。というわけで、私の禅紹介の世界一周の旅は本書によってしめくくりとなり、私にとっては、半世紀近くにわたる心の遍歴を秘めた書となりました。

ただし、この遅れが幸いだったこともあります。この間に私が静岡大学から関西医科大学へ転任し、そこでの貴重な体験のほんの一端とはいえ、本書に反映できたからです。とくに念願だった医大での解剖実習は、宗教者として、じつにかけがえのない体験でしたが、それは第一章で触れたとおりです。さらに、当時、「こころのセミナー」の講義用テキストとして作った詩集中の何篇かが、本書の章末に蘇生したのも幸いの一つです。

「禅語」には漢語（漢文）のものと和語（日本文）のものがあります。

『禅林句集』は、中国や日本の禅僧の語録、漢詩など、多くの文献資料から禅の諸相を示す語句を集めた、臨済宗の修行者にとっての必携書で、出家者のための第一の書です。

この「出世間《しゅっせけん》」の禅語に対して、日本語のものは、和歌、俳句、どどいつなどの「俗世間」の言葉で表現したものなので、「世語《せご》」と呼ばれています。日本語を母国語とする人には、難しい漢文よりわかりやすいので助かります。

ちなみに現在使われている『禅林世語集』には、童謡の「雨降りお月さん」、「ナイショ話」、「山寺の和尚さん」などが入っています。

幼少から禅寺教育を受けた私は、ずっとお経を通して漢文に接してきました。師父は書と漢文にかけては相当なレベルの人で、よく、掛け軸の文字を読んでほしいという人が訪ねてきました。私などは、学校で手抜き気味の漢文の授業しか受けていないので、師父には歯がゆかったようで、しばしば叱られました。とくに、掛け軸に書かれた漢文の禅語が読めなくて閉口しました。

ただし、この体験は思わぬ結果につながりました。あまりに小言を言われる悔しさが、私をこっそり『禅林句集』の勉強に向かわせ、さらにその英訳へと導き、一九八一年アメリカで、拙著"A Zen Forest"（英訳『禅林句集』）の出版となり、私の生涯最大の仕事として結実したのです。その勢いで、『禅林世語集』にも取り組んで、私の収集した言葉も相当数加えて、英訳出版したものが"A Zen Harvest"（一九八八年）です。

長いこと私自身、禅の書物の翻訳によって、海外への発信に努力してきました。その際には、いつも次の三つのキーワードをもとに解説しています。

「アイデンティティ」
「エコロジー」
「ライフスタイル」

第一のアイデンティティは、「自分とはなにか」、「私は誰か」という主体性の問題ですが、これは禅にとって最大のテーマ、「己事究明《こじきゅうめい》」と同じです。
不幸にも現代人は、アイデンティティに関わる多くの難問に直面しています。臓器移植、ゲノム編集、生殖医療、人工知能、ロボット、仮想現実（バーチャル・リアリティ）など、どれもこれも人間性を揺るがす大問題です。その直面する脅威を乗り越えながら、私たちは生きてゆかざるをえません。それゆえ世界中の人々にとって、いま、ここ、の「本来の自己」のありようを重視する禅の示唆が、難問解決へのますます重要な手がかりになってくるはずです。

第二のエコロジーも、現代社会の抱える重要なテーマです。かつての二元論的な自然観への反省とともに、「ディープ・エコロジー」など、自然界を一体ととらえ、全体を関連性の視点から理解しようとする傾向が生まれました。これには、禅の「華厳《けごん》哲学」的な視点が関わっており、今後もさらに必要とされることでしょう。

第三のライフスタイル、生き方について、禅は大いに示唆に富みます。「いま、ここ、わたし」に心を集中する「三昧《さんまい》」の生き方、自由自在に人生を楽しむ「遊戯《ゆげ》」の生き方、一つの物事にこだわらない「無所住《むしょじゅう》」の生き方、そして「知足《ちそく》」また「寡欲《かよく》」、「清貧」の生き方など、多くのライフスタイルを示唆しています。とかく目先の我欲や物欲におぼれがちな私たちに、必ずや大きなヒントを与えてくれるはずです。

そのためには、「無我」、「無心」、「不立文字《ふりゅうもんじ》」といった基本的禅語、さらにはよく知られた「平常心是道《びょうじょうしんこれどう》」や「日日是好日《にちにちこれこうにち》」など、その禅語の意味を正確に理解することが必要です。そこから新たなライフスタイルの創造が始まるからです。

以上の三つのキーワードとともに、次の三つの用語も本書で触れました。

「体《たい》（本体）」→ゼン・ユニヴァーサリティ（Zen Universality）平等性《びょうどうしょう》（第三章）

「相《そう》（様相）」→ゼン・インディヴィジュアリティ（Zen Individuality）個別性・多様性（第四章）

「用《ゆう》（働き）」→ゼン・ヴァイタリティ（Zen Vitality）自在性（第七、九章）

これらは、大乗仏教の中心思想を説く『大乗起信論《だいじょうきしんろん》』の「三大（体・相・用）」をふまえた私の造語にすぎませんが、禅の思想を理解するうえでなんらかの参考になるかもしれません。

本書は、わが承元寺本堂で行なっている「禅の生きかた講座」での法話がもとなっています。この講座は、毎月一回の積み重ねで、じつに四二五回（二〇二〇年六月現在）となりました。私にとっては僧侶の本分である「法施《ほっせ》」を実践する場であり、檀信徒の方々という応援団がいる「ホーム」でのお勤めです。しみじみ、ほのぼのとしたひとときを分かち合うことで、私の心にも「さわやかな」力が湧いてきて、まことにありがたいことです。

近年は講座中に、みんなで「禅のこころを歌う」ことにしていますが、先ごろメンバーの首藤紘一郎ご夫妻からこんな一首をいただきました。

「五番街のマリー」を歌う和尚いて　山のみ寺は　ニコニコうふふ

本堂に飾ったこの歌を見た来訪者は、たいてい「ニコニコうふふ」の顔で帰ってゆかれます。

最後に、長きにわたって通ってきてくださる方々、とりわけ世話役の高橋芳子さんには、改めて深く感謝します。また、この書の完成にご尽力くださった西村恵学さん、香月美紀子さん、そして田中夏実さんには、深甚の謝意を表します。

いま世間は、新型コロナウィルスによる災禍のさなかにあります。医療現場で大変な苦労をしているに違いない、私の教え子諸君に心から声援を送ります。

二〇二〇年六月　承元寺庫裏二階にて西山を眺めつつ

重松宗育

重松宗育（しげまつ・そういく）
1943年静岡県生まれ。東京外国語大学英米語科卒。京都大学大学院修士課程修了（英米文学）。静岡大学、関西医科大学教授を歴任。現在は承元寺住職（臨済宗妙心寺派）。『禅林句集』『禅林世語集』、夢窓国師漢詩、夏目漱石俳句などの英訳出版により欧米への禅の紹介に力を注ぐ。日本語の著書には『星の王子さま、禅を語る』、『モモも禅を語る』、『アリス、禅を語る』のほか『大拙　禅を語る―世界を感動させた三つの英語講演』、『鈴木大拙　コロンビア大学セミナー講義』（共編訳）がある。

童謡　禅のこころを歌う

令和2年10月13日　初版第1刷発行

著　者　重　松　宗　育

発　行　公益財団法人 禅文化研究所
〒604-8456　京都市中京区西ノ京壺ノ内町 8-1
花園大学内
TEL 075-811-5189　info@zenbunka.or.jp
https://www.zenbunka.or.jp

印　刷　ヨシダ印刷株式会社

ISBN978-4-88182-324-8 C0015